ビジネス日本語における感謝表現

周 乗風
(シュウ ジョウフウ)

YUKENSHA

ビジネス日本語における感謝表現

【目　次】

【目次】 Contents

序章　感謝表現の先行研究と本論の概要 ……………………………… 1

1　研究背景と研究目的 …………………………………………… 1
2　先行研究と本論の研究範囲 …………………………………… 2
　2.1　感謝表現の定義と分類 …………………………………… 2
　2.2　感謝表現の史的研究 ……………………………………… 11
　2.3　ビジネス文書史における感謝表現の位置づけ ………… 14
3　ビジネス日本語の研究資料と本論の考察資料 ……………… 15
4　本論の構成 ……………………………………………………… 16

第一部　ビジネス場面における感謝表現の日中対照研究

第一章　ビジネス文書における感謝表現の日中対照研究 ……… 21

1　はじめに ………………………………………………………… 21
2　調査資料と感謝表現の出現数 ………………………………… 22
3　ビジネス文書における感謝表現の使用実態 ………………… 24
　3.1　日本語ビジネス文書における感謝表現 ………………… 24
　3.2　中国語ビジネス文書における感謝表現 ………………… 42
　3.3　仮定された行為に対する感謝について ………………… 48
　3.4　文書の種類別対照分析 …………………………………… 50
4　まとめ …………………………………………………………… 51

第二章　企業ウェブサイトにおける感謝表現
　　　　―銀行ホームページを中心に― ……… 55

1　はじめに ……………………………………………………… 55
2　調査方法と調査対象 ………………………………………… 56
　　2.1　例文収集の方法と基準 ………………………………… 56
　　2.2　日本の銀行ホームページについて …………………… 56
3　企業ウェブサイトにおける感謝表現の使用状況 ………… 58
　　3.1　研究対象の基準 ………………………………………… 58
　　3.2　各ウェブサイトにおける検索結果 …………………… 58
　　3.3　各キーワードによる感謝表現の使用状況 …………… 58
4　中国の企業ウェブサイトにおける感謝表現について
　　―対照研究の試み― ……………………………………… 71
5　まとめ ………………………………………………………… 76

第三章　ビジネス会話における感謝表現の対照研究
　　　　―日中経済小説を中心に― ……… 79

1　はじめに ……………………………………………………… 79
2　感謝表現の分類と調査対象について ……………………… 79
　　2.1　感謝表現及び経済小説に関する先行研究 …………… 79
　　2.2　日中経済小説の特徴と現状 …………………………… 81
　　2.3　調査資料と調査方法の概要 …………………………… 81
3　日本の経済小説における感謝表現 ………………………… 84
　　3.1　感謝型表現 ……………………………………………… 84
　　3.2　謝罪型表現 ……………………………………………… 91

3.3　事実叙述型の表現 …… 94
3.4　その他の感謝表現 …… 96
4　中国の経済小説における感謝表現 …… 99
4.1　「谢谢」の使用状況と分類 …… 99
4.2　「谢谢」以外の感謝型表現 …… 104
4.3　その他の感謝表現 …… 108
5　まとめ …… 109

第二部　近現代商用文における感謝表現

第四章　近現代商用文における漢語の感謝表現について …… 115

1　はじめに …… 115
2　先行研究及び問題点 …… 115
2.1　漢字・漢語普及の時代背景 …… 115
2.2　文書・書簡文における漢字・漢語 …… 117
3　近現代商用文における漢語の感謝表現 …… 119
3.1　辞書における記述 …… 119
3.2　漢語の感謝表現の使用状況 …… 122
3.3　文書の種類と漢語の感謝表現の形式 …… 126
4　おわりに …… 136

第五章　近現代商用文における感謝表現
—「かたじけない」の消滅について— …… 139

1　はじめに …… 139

2 先行研究と調査方法 ································· 139
　2.1 「かたじけない」の語釈 ·························· 139
　2.2 「かたじけない」に関する研究 ···················· 140
　2.3 調査資料及び調査方法 ···························· 144
3 近現代商用文における「かたじけない」の使用実態 ····· 144
　3.1 表記と形式 ······································ 144
　3.2 「かたじけなく」と「かたじけのう」 ·············· 146
　3.3 「かたじけなくす（かたじけなうす）」 ············ 151
4 「かたじけない」の消滅について ····················· 155
5 まとめ ··· 155

第六章　近現代商用文における感謝表現「ありがたい」について ································· 157

1 はじめに ··· 157
2 「ありがたい」の史的研究 ··························· 157
3 商用文における「ありがたい」の使用実態とその表記の変遷 ··· 160
4 連体形としての「ありがたい」 ······················· 161
　4.1 「ありがたき」と「有り難き仕合せ」 ·············· 161
　4.2 「ありがたい」 ·································· 168
5 「ありがたい」の連用修飾用法と定型表現 ············· 168
　5.1 「ありがたい」の連用修飾用法 ···················· 170
　5.2 「ありがたい」の定型表現 ························ 174
6 まとめ ··· 177

第三部　ビジネス日本語教科書における感謝表現の扱い

第七章　ビジネス日本語教科書における感謝表現の扱い
　　　　　―中国の商務日語教材を資料として― 181

1　はじめに 181
2　中国の高等教育におけるビジネス日本語 182
　2.1　中国の高等教育におけるビジネス日本語教育の現状 182
　2.2　ビジネス日本語教育における教材編纂の方針 183
　2.3　中国における「商務日語教材」の現状 184
3　研究対象と研究方法 186
　3.1　「国家級規劃教材」について 186
　3.2　調査対象とする「商務日語教材」 187
　3.3　教科書の分類と各書の構成 188
4　中国の商務日語教材における感謝表現の扱い 190
　4.1　考察項目について 190
　4.2　課題としての感謝 192
　4.3　感謝の言語形式とその扱われ方 194
　4.4　ビジネスマナー、商習慣としての感謝 195
5　問題点と提言 197

終章　結論と今後の課題 ………………………………………… *199*

1　本論の概要 ……………………………………………………… *199*
2　ビジネス場面における感謝表現の日中対照研究 …………… *199*
　　2.1　ビジネス文書における感謝表現の日中対照研究 ……… *199*
　　2.2　企業ウェブサイトにおける感謝表現 …………………… *201*
　　2.3　ビジネス会話における感謝表現の対照研究 …………… *201*
3　近現代商用文における感謝表現 ……………………………… *203*
　　3.1　近現代商用文における漢語の感謝表現について ……… *203*
　　3.2　「かたじけない」の消滅について ……………………… *204*
　　3.3　近現代商用文における感謝表現「ありがたい」について ……… *205*
4　ビジネス日本語教科書における感謝表現の扱い …………… *206*
5　今後の課題 ……………………………………………………… *207*

参考文献 ……………………………………………………………… *209*
資料 …………………………………………………………………… *213*

謝辞 …………………………………………………………………… *216*

カバーデザイン　ma-yu-ya-ta-ke

序章　感謝表現の先行研究と本論の概要

1　研究背景と研究目的

　感謝表現は日常生活でよく使われる表現の一つであり、人間関係の維持などの役割を持つ。ビジネス場面でも多用され、会社間の付き合い、上下関係の維持、企業イメージと企業文化の中で重要な役割を果たしている。とくに企業文書の中の言葉遣いは企業文化・習慣を反映し、会社の社会的イメージにもつながっている点から、言語研究とビジネス言語教育の重要なテーマであると考えられる。また、近年では日本企業を就職先として考慮に入れる中国の大学の日本語専攻学生が増え、経済活動に伴う口頭(会話)と書記(文書)のコミュニケーション能力は彼らにとって重要なスキルとなりつつある。

　日本と中国は歴史的にも長期に亘り、多くの面で深い関係を持つ国であるが、経済事情、文化・習慣について異なるところが多い。そのため、お互いに経済活動を行う際に、コミュニケーション上のギャップによる摩擦や誤解が生じる恐れがあると思われる。このようなことを避けるためには、相手の事情・習慣に配慮し、適切な言語行動を選ぶことが望ましい。その中で、感謝表現は対人関係における重要な表現で、日中両国のビジネス場面における感謝の異同についての研究は新分野であり、まだまだ解明されていない課題が多い。したがって、ビジネス場面ではどのような感謝表現を使うのか、また日本語と中国語の感謝表現についての相違を学習者及び日中経済活動の従事者に提示することが非常に重要である。

また、ビジネス文書の前身である商用文は、明治・大正・昭和に亘り、多数の文例集が出版されており、ビジネス日本語の貴重な史料としてまだまだ未開拓の研究領域である。その中で、筆者は大量の和語・漢語の感謝表現の使用に気づき、現代のビジネス文書にも強く影響を与えていると考えたのである。

　本論は、多様な日中ビジネス言語資料における感謝表現、特に感謝の定型表現の形式・機能と使用傾向を明らかにし、ビジネス日本語の学習者に提示することを目標とする。さらに、中国の高等教育機関の現行のビジネス日本語教材における感謝表現の扱いを考察することによって、改良すべき点について提言したい。

　また、ビジネス文書における感謝表現の変遷を究明するため、近現代商用文例集を資料とし、和語・漢語の感謝表現の史的変遷を明らかにすることを目的とする。

2　先行研究と本論の研究範囲

2.1　感謝表現の定義と分類
2.1.1　先行研究における感謝表現の定義と分類

　従来の感謝表現の研究は発話行為としての分析が一般的で、現代語についての研究が数多く見られる。まずは感謝表現の基本概念と分類を確認すると、岡本（1991）、岡本（1992）、佐久間（1983）、熊取谷（1994）、赤堀（1995）、秦（2002）などが挙げられる。日中対照研究における感謝表現の分類としては李（2014）が挙げられる。

　感謝表現について岡本（1991）では、感謝を「相手の何らかの行動が、話し手に利益を与えた場合に、それに対してなされる言語行動である」と定義し、「ここでの相手の行動には、労力・技術の援助、金品の授与などのほか知識の提供、話し手を賞賛すること、話し手との友好関係の表明等の言語行動も含まれる」と述べている。更に岡本（1992）は「相手の何

らかの行動が、話し手に何らかの利益をもたらした場合に、お返しとして行われる言語的コミュニケーションである」と定義している。話し言葉における感謝表現の種類について佐久間（1983）と岡本（1991）によれば以下の4つに大きく分けられる。

※例と考察は岡本（1991）による。

① 慣用的な定型表現

　例：（どうも）ありがとう／（どうも）すみません／どうも／悪い／サンキュー

　慣用表現は種々の観点から分類可能だが、その一つに先に議論した「ありがとう（ございます）」のような言語内容的にも感謝を表明する型（感謝型と呼ぶ、これは「サンキュー」等も含める）、「すみません」のような、言語内容としては謝罪を表明しており、謝罪場面と共通に用いられる型（謝罪型、「悪い」、「申し訳ありません」等も含む）の分類を考えることができる。

② 事実関係の叙述——話し手が受けた利益を叙述する

　例：先だってはいろいろご教示頂きまして／ほんとうに何から何までお世話になりました／あなたのおかげよ／手伝ってもらって助かった

③ 話し手の気持ちを叙述——利益や好意を受けた話し手の「喜び」や「恐縮」の気持ちなどを述べる

　例：（誕生日の贈物をくれた友人に向かって）うれしい／（送別会を開いてもらって、あいさつの中で）本当に幸せに思っております

④ 言葉にならない表現——喜びの念から来る興奮・緊張のために、表現が初めもしくは途中から言葉にならない。

　また、熊取谷（1994）は感謝の発話行為を成立させる必要の条件にあたる「適切性条件」の観点から感謝のストラテジーについて分類している。感謝の適切性条件は以下のように分類できる。

命題内容条件：聞き手(あるいは聞き手にとっての「ウチ」関係の人間)による確定した行為を表す。

予備条件：発話者は自分(あるいは「ウチ」関係にある人間)にとっての有益状況が生じたと見なしている。

誠実性条件：発話者は当該行為・状況を嬉しく感じている。

本質条件：当該行為・状況に対する誠実性条件に示された心的態度の表明。

感謝の適切性条件に基づき、日本語における「感謝」ストラテジーを以下のように挙げている。

A. 直接的感謝のストラテジー：遂行表現
- 感謝する旨の表明
  - 例：感謝いたします
  - お礼申し上げます
- 感謝の意志がある旨の表明
- 感謝の意志表示を希望する旨の表明
- 感謝の必要性の言及
  - 例：ここに感謝の意を表します
  - 感謝の意を表したいと思います
  - ……してくださった方々にあつくお礼申し上げたい
  - おじさん、坊やにお礼をいわなくちゃいけないね
  - なんとお礼申し上げてよいかわかりません

B. 間接的感謝の表現ストラテジー
- 聞き手が発話者に行為Aを行った旨の言述
  - 例：本当にお世話になりました
  - いつもお世話になりまして
  - いろいろご教示いただきまして
- 聞き手が発話者に益をもたらした旨の言述
  - 例：大変助かりました

　　　　おかげさまで
　　・嬉しく思う、ありがたく思う、旨の言述
　　　　例：ありがとうございます
　　　　　　本日私のためにこのような立派な会を開いていただき、
　　　　　　本当にうれしく思っております
　　・聞き手(あるいはその行為)に対する賛辞
　　　　例：これはご丁寧に
　　　　　　これはご親切に

　上記の分類のように、熊取谷(1994)は「ありがとうございます」を間接的な感謝のストラテジーに分類し、さらに「発話行為理論によると、遂行的発話のみが当該行為の直接的な表現と捉えられる。即ち、「感謝」の場合、右掲の「感謝いたします」と「お礼申し上げます」の類のみが直接的な感謝表現となり、これ以外のものは全て間接発話行為(間接的な「感謝」)と見なすことになる」と述べ、「感謝」「お礼」のような漢語表現を使った表現を直接的な感謝のストラテジーに分類している。

　感謝の定型表現の観点からの研究としては秦(2002)が挙げられる。秦(2002)は感謝表現を定型表現と定型以外の表現に分類している。「感謝しています」「ありがとう」「すみません」など「決まり文句」のように使われるものを「定型表現」に分類し、最も一般的な感謝表現であると指摘している。「定型表現」を用いた感謝表現以外に話し手によってバリエーションを持つ表現を「定型表現以外のストラテジー」に分類している。具体的な分類を以下に示す。

定型表現
　A. 感謝の気持のそのものの表出：「ありがとう」類、「感謝する」類、「サンキュー」類、「どうも」類
　B. 申し訳ない気持の表出：「すみません」類、「わるい」類、「恐縮」

類

　C. 慰労の念の表出：「ご苦労さま」類
　D. 恩を蒙ったことの表出：「恩に着る」類
　E. 面倒をかけたことの表出：「お世話」類
　F. 利益を受けたことの表出：「助かる」類、「お蔭さま」類、「ごちそうさま」類

定型以外のストラテジー
　A. 直接的な感情の表出
　　A-1. 驚き・感動・感嘆の表出：いやー
　　A-2. 喜びの表出：うれしいな
　B. プラス評価
　　B-1. 聞き手へのプラス評価：さすがー、あなた
　　B-2. 関係事物に対する評価：おいしそう
　C. 負担に関する言及
　　C-1. 聞き手の負担への言及：これ手に入れるのに大変だったでしょう
　　C-2. 聞き手の行為気遣いの不必要性に言及：気を使わなくてもいいのに
　D. 話し手の利益に関する言及
　　D-1. 利益内容への言及：やー、なんとか間に合ったよ
　　D-2. 利益への有効利用に関する言及：ぜひ参考にさせていただきます
　E. 話し手にとって聞き手(の行為)の必要性・不可欠性の言及：○○ちゃんいなかったら間に合わなかったよ
　F. お返しの言及：近々メシおごるから
　G. 言葉にできないことへの言及

感謝のストラテジーについて、赤堀 (1995) はアンケート調査を通して、日本語母語話者の感謝のストラテジーを以下のように分類している。

A. 感謝行為に関する言及
 a. 感謝する旨の表明　　e.g.「ご協力に感謝します。」
 b. 感謝の必要性の表明　e.g.「あなたには感謝しなくちゃね。」
 c. 感謝の意志の表明　　e.g.「昨日のお礼を言いたくて。」
 d. 感謝の方法を知らない旨の表明　e.g.「何とお礼を言えばいいのか。」

B. 心的態度の表明
 a. 驚き・喜びの気持ちの表明　e.g.「いやー、うれしいわー。」
 b. 感謝の気持ちの直接的表明　e.g.「ありがとうございます。」
 c. 恐縮の念やすまないという気持ちの表明　e.g.「すみません。」

C. 感謝の対象事物への言及　　e.g.「私にまで気を使ってくれて…」

D. 負担に関する言及
 a. 相手の負担への言及　e.g.「これ手に入れるの大変だったんじゃないですか。」
 b. 負担をかける／かけた旨への言及　e.g.「お手数かけました。」
 c. 行為・気遣いの不必要性への言及　e.g.「気使わんでもええに。」

E. 利益に関する言及
 a. 利益内容への言及　　e.g.「やー、何とか間に合ったわー。」
 b. 利益の有効利用に関する言及　e.g.「ぜひ参考にさせて頂きます。」

F. 返恩の申し出　　　　　　　e.g.「今度晩飯おごるわ。」

G. プラス評価
 a. 相手自身へのプラス評価　　e.g.「さすがー、お父さん。」
 b. 関係事物へのプラス評価　　e.g.「おもしろそうやなー。」
 c. 念願の事物である旨の表明　e.g.「あ、これみたいなー思っててん。」

H. 相手(またはそのウチの人物)が授益者であることの明示
　　a. 利益のもたらし手の明示　　e.g.「あんたのおかげよ。」
　　b. 相手の存在、行為の不可欠性への言及　　e.g.「○○ちゃんがいなかったら間に合わなかったよ。」

　上記のBbのように「ありがとうございます。」は感謝の気持ちの直接的表明に分類しているが、実際の会話では定型表現は他にも存在し、定型表現と他のストラテジーが共起する場合が多いと考えられる。

　李(2014)は日中のテレビドラマを資料とし、日中における感謝場面での謝罪表現の使用を主要な研究目的の一つとし、感謝表現を「感謝型表現」、「謝罪型表現」、「混在型表現」、「その他の表現」の四種類に分類している。日中テレビドラマに見られる感謝表現の分類と例は以下の通りである。

A. 感謝型表現
　日本語:「ありがとう」類、「感謝します」、「サンキュー」、「どうも」「おおきに」
　中国語:「谢谢」、「谢谢你」、「谢谢您」、「"谢谢"の繰り返し」、「谢了」、「感谢」

B. 謝罪型表現
　日本語:「すみません」、「悪い」、「ごめん」

C. その他の表現
　日本語:
　　プラス指向類:「ご馳走様」、「お世話になる」、「お陰で」、「助かる」、「気持ち」類
　　マイナス指向類:「ご苦労様・お疲れ様」、「迷惑をかける」
　中国語:
　　プラス指向類:「多亏」、「評価・気持ち」類
　　マイナス指向類:「麻烦」、「辛苦」、「问责」、「破费」

D. 混在型表現
　　日本語：「感謝型＋その他」、「謝罪型＋感謝型」、「謝罪型＋その他」
　　中国語：「感謝型＋その他」、「謝罪型＋その他」、「感謝型＋謝罪型
　　　　　　＋その他」、「謝罪型＋その他」

　李（2014）で取り上げるテレビドラマ資料の中で、日中両言語においていずれも「感謝型表現」が最も多く、中国語の「謝罪型表現」が見られないことが指摘される。特に、日本語の「その他の表現」の使用率が高く、定型表現の使用も目立つ。李（2014）は「ありがとう」と「感謝します」を区別せず、共に感謝型表現に分類している。

　上記の先行研究による感謝表現の分類を見てきたように、感謝表現の分類は感謝の対象、適切性条件、表現形式などの要因によって諸研究者が異なる分類をしていることがわかる。各分類は各研究が取り上げた資料と研究方法によって異なるが、それぞれ重なり合い、感謝表現の基本的構造と形式が示されている。

　しかし、これらの分類はあくまでも話し言葉に関するものであり、本論が注目しているビジネス日本語というジャンルの中で、ビジネス文書のような書き言葉では今までの感謝表現の分類を適用できるかどうかに疑問を持ちつつ、実際に本論で取り上げた調査資料の中でビジネス日本語における特有な感謝表現のバリエーションが見られる。ビジネス文書の場合、感謝に関する慣用的な定型表現はより複雑な敬語形式を伴う他、「言葉にならない表現」のような非言語的表現、「サンキュー」のような口語的表現が見られないと考えられる。また、口語より改まった表現および定型表現が多く使われることが予想される。

　実際に、ビジネス文書のような書き言葉の場合では、熊取谷（1994）の言う「直接的な感謝表現」に当たる「お礼申し上げます」「感謝致します」など感謝の行動について説明的に言及する表現が多数用いられており、杉戸（1994）はこれらの表現を感謝の「メタ言語行動表現」としている。「ありがとうございます」のような直接に感謝の意を言明するのに対して、感

謝の「メタ言語行動表現」は「お礼をいう」「感謝する」という動作自体を説明する側面から、感謝の表明を遂行する機能を果たしている。このような感謝の「メタ言語行動表現」は話し言葉であれ、書き言葉であれ、ごく普通に見られる表現であるが、杉戸(1994)では、手紙文例、公的あいさつでは、感謝の「メタ言語行動表現」は量的な優勢さが見られ、大半の文例はメタ言語表現だけでお礼であることが表現されたものであると指摘している。また、柳田(1946)は感謝表現の「お礼」について

　　オレイは禮といふ漢語の採用ですが、その意味が日本では少しちがって、世話になつた人物に物を贈ることをお禮をする、又はたゞ有難うといふことを御禮をいふと、謂つて居る場合が多いのです。……(中略)やはり一番やかましかつたのは武家の主従、殿と被管との間柄であつて、中世の社會は是だけで維持して居たと謂つてもよいのです。それが後世段々と擴張して、すべての世話になつた人へ進物をするのを御禮をするといひ、人に向つて有難うを、御禮言ふといふやうになつたもとかと思ひます。(399-400頁)

と述べているが、「お礼申し上げます」のようなメタ言語表現の定型化については言及していない。

杉戸(1994)が取り上げた手紙文と公的あいさつという二つのジャンルはビジネス日本語と重なり合う部分が大きく、とくにビジネス文書では、上記の感謝の「メタ言語行動表現」はかなり定型化されている。書き言葉での使用については、「ありがとうございます」を使わず、「メタ言語行動表現」だけで感謝を遂行する場合が多い。したがって、ビジネス日本語の場合では、このような感謝の「メタ言語行動表現」を感謝そのものを表出する表現に分類するのが妥当であろう。

2.1.2　本論における感謝表現の分類

先行研究で述べた通り、感謝表現の分類はそれぞれ重なり合い、様々なバリエーションが示されている。本論では、上記の話し言葉における分類

を参考にし、ビジネス日本語における様々な感謝の定型表現に注目し、ビジネス日本語の会話と文書におけるそれぞれの感謝表現の分類を細分化した。分類は以下の通りである。

① 感謝そのものの表出―感謝型表現
　　日本語：ありがとうございます / お礼申し上げます / 感謝いたしております
　　中国語：谢谢 / 多谢 / 感谢
② 申し訳ない気持ちの表出―謝罪型表現
　　日本語：すみません / 申し訳ありません / 恐縮します / 恐れ入ります
　　中国語：不好意思
③ 事実関係の叙述の表現
　　日本語：お陰で / おかげさまで / お世話になっております
　　中国語：多亏 / 承蒙
④ その他の感謝表現
　　慰労の念の表出の定型表現
　　　日本語：ご苦労様 / お疲れ様です
　　　中国語：辛苦 / 有劳
　　嬉しい、光栄の気持ちの表出
　　　日本語：嬉しく存じます / 光栄です / 幸せ
　　　中国語：高兴 / 荣幸

2.2　感謝表現の史的研究

　現代日本語の感謝表現を代表することばと言えば、まず「ありがとう」が挙げられる。しかし、古代では現代の「ありがとうございます」のような定型表現が存在しておらず、「ありがとう」はその本来の意味で用いられていた。田島 (2004) では、「お礼の表現は、その語の本来の意味が転用されて成立している」と述べており、日本にはお礼の意を直接的に表現で

きる語は存在しなかったと指摘している。現代の「ありがとう」と「すみません」がその転用を反映したもので、古くからの「かたじけない」「もったいない」「冥加ない」なども長い期間を経て、その本来の意味が転用され、謙遜などによる婉曲的な感謝表現になった。日本語の歴史においては、感謝の定型表現の意味と用法は多少変化し、死語になった定型表現も見られる。これらの表現の共通する点について田島（2004）は、

> これまでの考察から明らかになったことは、形態的な特徴として、非存在や困難の意を表す形態素が結合している語が多いこと。そこから意味的には、否定、特に存在や状態の否定を示していることになる。この否定的表現を用いて、自己の謙遜を表し、それを発話化することによって、お礼の表現が成立していた。(157頁)

のように述べている。即ち、前述の「お礼申し上げます」「感謝致します」のような中国から借用した漢字・漢語による感謝表現が直接的に感謝の意を表すのに対し、このような謙遜による感謝表現は日本の言語文化のあらわれであり、現代語にも影響を与えつつある。

　各年代の感謝表現の史的研究を確認すると、古典語、近代語における研究が挙げられる。平安和文を資料としての研究は藤原（1994）、中村（1998）、泉屋（2016）が挙げられる。藤原（1994）は平安和文を資料として、平安貴族社会における感謝をめぐり、待遇表現のあり方を考察している。話し手と相手の親・疎、上・下の関係によって、また公・私の場面によって、一定の規則があり、類型化が可能であるとして、敬意の四段階を設定している。「かたじけない」はこの時代、上位者に対する感謝表現として類型化され、以降、定型表現になりつつある。泉屋（2016）は『源氏物語』を資料としての研究である。『源氏物語』における「ありがたし」は、対象を賛美するための表現として機能している。現代の「ありがとう」は相手の恩恵や好意をもたらした場合に、お返し言葉として行なわれる言語行動であるのに対して、『源氏物語』における「ありがたし」は相手の「心」「外見」「様子」「身体」を賛美する表現である。

また、中世以降では、「ありがとう」や「かたじけない」などが、感謝の固定的表現となり、「ありがたい」と「かたじけない」両語の比較研究または両語に言及している研究が多く見られる。その中で、代表的なものは柳田 (1966)、中村 (1998)、荻野 (2004) が挙げられる。柳田 (1966) は大蔵流狂言における「忝い」と「有難い」の使い分けをまとめ、近世における感謝表現の使用実態を考察している。室町時代では、感謝表現の「忝い」と「有難い」は敬意度の高い文脈に用いられている。また、目下の者に対して用いられることが少ない。具体的に、対神仏は主に「有難い」が用いられており、「忝い」は用いられていない。対人の場合は両語とも敬意の高い表現として用いられているが、上下関係の開きが小さい場合は「忝い」が多く用いられる。全体からみれば、「有難い」は「忝い」より敬意度が高い。また、中村 (1998) は、平安時代には見られなかった目下への感謝辞が近代に見られるようになったのは、人間関係の変化が反映したもので、感謝行為の近代化の現れであると指摘している。荻野 (2004) は「「ありがたい」が対人で連体修飾でなく用いられ始めたとき、お礼のことばとして安定したものとする」と論じており、その初期の例は十七世紀後半に見られることが確認できる。この時期ではまだ「かたじけない」は対人で多用されるが、もともと敬意度の高い「ありがたい」は使用されるようになり、江戸時代を通して使用が広がったと考えられる。

　また、感謝表現のみを取り上げた研究ではないが、福田 (2014)、木村 (2014) はこの両語に言及した研究である。とくに、木村 (2014) は、感謝と恐縮の境界線について以下のように述べている。

> 　本来、「かたじけない」は恐縮の意をもつが、相手の行為に恐縮を表明する点で感謝の意をもつようになったとされる。「ありがとう」が多用されるようになり、感謝専用の表現として目立っていく一方で、「かたじけない」「すみません」のような表現は、明治時代でも恐縮の意を保存しつつ感謝の意を取り込んでいたと思われる。(197頁)

　実際に、ビジネス文書の前身である商用文が活字化される明治末期から、

感謝と恐縮の両方の意味を持つ「かたじけない」の使用が目立つ。商用文の100年以上の歴史の中で、「かたじけない」は商用文の編纂者に好まれ、昭和末期まで残存している。一方、「ありがとうございます」「お礼申し上げます」は現代のビジネス文書に感謝専用の表現として用いられ、恐縮の意を表す専用の定型表現「恐れ入ります」「恐縮します」などが定着している。これらの感謝表現のビジネス日本語における変遷を究明するため、近現代の商用文例集における感謝表現の実態調査を行い、感謝の定型表現の変遷と「かたじけない」の消滅の原因などの課題を明らかにする必要がある。

2.3　ビジネス文書史における感謝表現の位置づけ

　ビジネス文書の文体は非常に特殊であることが指摘できる。現代のビジネス文書は企業の公的文書で、社外文書、社内文書、社交文書に分けることが一般的であるが、その文体は書簡文、つまり手紙である。今までの書簡文・手紙文に関する史的研究は文学者、歴史上の有名人の手紙に関するものがほとんどで、ビジネス文書に関する史的研究はまだまだ未開拓領域と言ってもよい。

　感謝表現は書簡文の前文に文頭のあいさつとして多く使われてきた。この現象は日本の書簡文の歴史に深く関わっている。書簡文・手紙文における感謝表現に言及した研究は杉戸（1994）、柏本（1995）、茗荷（2017）などが挙げられるが、ビジネス文書及びその前身である商用文における感謝表現の研究が見当たらない。

　茗荷（2017）は近代の女性書簡文に関する文体、頭語・結語、呼称などを取り上げた系統的な著作である。特に、各種書簡文の頭語について実態調査を行い、その中で「有難」系の表現が数多く見られる。漢語の感謝表現があまり用いられていないことは女性書簡文における和語の多用に関わっていると思われる。明治維新以降、商業の近代化に伴い、近世までの階級社会における士農工商という封建社会の身分制度が廃止され、商社・

会社のような組織が登場するようになった。商用文が登場した当初から、商業は男性中心の世界で、商用文は男性の書簡文の影響を受けた可能性が高いと考えられる。実際に、本論で取り上げた近代の商用文には多数の漢語の感謝表現が用いられており、現代のビジネス文書にも影響を与えている。したがって、ビジネス文書史における感謝表現を見る際に、漢語表現の史的変遷も見落とすことが出来ない課題であろう。

3　ビジネス日本語の研究資料と本論の考察資料

　ビジネス日本語の研究対象は、経済活動に伴う言語行動にあたり、会話、文書・メールを中心に多様な研究資料が挙げられる。

　ビジネス文書の研究分野と研究法について諸星（2011）はビジネス文書研究の資料の諸相と、研究可能な分野について検討している。ビジネス文書の実物は企業の秘密に関わっており、入手困難であるという現実的な状況から、ビジネス文書の文例集・マニュアル本を資料とするのが望ましいであろう。また、諸星(2011)は通時的研究について近代のビジネス文書のマニュアル本を研究資料とする可能性を提示し、「日本語史的に近代共通語成立期の語彙・語法の変遷について検討を加えることができる」と述べている。

　さらに、ビジネス文書の実物について諸星（2011）は、

　　　企業の社内文書は企業秘密であり、企業間の取引で使用される社外文書・社交文書もまた入手困難であるが、一方で、印刷物（パンフレット・チラシ・DMなど）やWebで公開されている文書は調査資料とすることが可能であろう。(9頁)

と企業ウェブサイトを利用したビジネス日本語の研究の可能性を提示している。市販されているビジネス文書文例集はある程度企業の言葉遣いを反映しているが、あくまでも編集者の経験や企業の文書を参考にして作った架空の文例なので、実物とは言えない。企業ウェブサイトで公開されてい

る文書を集め、ビジネス文書文例集と比較しながらより実証的な研究を行うのが望ましい。

　ビジネス会話の資料について、会議、訪問、打ち合わせ、電話応対など社外・社内の様々な場面に亘る資料を研究対象とすることが最も望まれるが、実際の会議の録音、会社内の従業員の会話、訪問時の会話などを調査することはほとんど不可能なので、本論は架空のビジネス活動を描写する経済小説を研究資料に加える。また、中国の高等教育機関で使われているビジネス教科書を取上げ、感謝表現の使用実態と問題点について考察したい。

4　本論の構成

　本論の構成は以下の通りである。

　　序章　感謝表現の先行研究と本論の概要
　　第一部　ビジネス場面における感謝表現の日中対照研究
　　第二部　近現代商用文における感謝表現
　　第三部　ビジネス日本語教科書における感謝表現の扱い
　　終章　結論と今後の課題

　第一部は第一章「ビジネス文書における感謝表現の日中対照研究」、第二章「企業ウェブサイトにおける感謝表現―銀行ホームページを中心に―」、第三章「ビジネス会話における感謝表現の対照研究―日中経済小説を中心に―」で構成されている。

　第一章では市販されている日本のビジネス文書文例集6冊と、中国の商務文書文例集3冊を取り上げ、感謝型表現、謝罪型表現、事実関係の叙述の表現、その他の感謝表現の4分類によって用例を集め、各表現の用例数、出現位置、修飾語、特徴と用法などについて分析する。また、文

書の種類別の分析によって、ビジネス文書における日中感謝表現の異同を明らかにする。

　第二章では第一章で見られた日本語から3種、中国語から5種の感謝型表現をキーワードとし、日中メガバンクのホームページのサイト内検索エンジンを利用し、企業ウェブサイトにおける感謝表現の使用実態を明らかにする。具体的に、会社からのお知らせ・案内、会社イベント、報告書などの文章ジャンルからビジネス文書の実物の用例を集め、各表現の使用頻度、ビジネス文書文例集との異同などの課題を巡り、考察する。

　第三章ではビジネス会話における感謝表現の使用実態について日中対照研究を行うため、日中経済小説8冊を取上げ、序章で述べた本論の感謝表現の分類に従い、用例を集める。待遇表現の視点から上下・親疎関係および社外・社内の場面の異同によって感謝表現の使用傾向を明らかにする。

　第二部は第四章「近現代商用文における漢語の感謝表現について」、第五章「近現代商用文における感謝表現―「かたじけない」の消滅について―」、第六章「近現代商用文における感謝表現「ありがたい」について」で構成されている。

　第四章では明治末期〜昭和戦前期の商用文例集7冊と、昭和戦後期の商用文例集5冊を取り上げ、候文・口語文の商用文における漢語の感謝表現の種類と用法と、漢語・和語の感謝表現それぞれの使用率の推移を考察し、近現代商用文における漢語の感謝表現の使用実態を明らかにする。

　第五章では近現代商用文における「かたじけない」の用法及び消滅の原因を明らかにする。「かたじけない」は話し言葉としての使用はほとんど消滅しているが、ビジネス文書の前身である商用文において、「かたじけない」は昭和末期まで残存している。その原因を究明するため、近現代商用文における「かたじけない」の使用実態を明らかにし、ビジネス日本語における感謝表現の語彙の変化を探る。

　第六章では近現代商用文における「ありがたい」とその関連する表現の使用実態を明らかにする。具体的に「ありがたい」の表記の変化、用法の

特徴と定型表現の変遷などの課題について考察する。

　第三部は第七章「ビジネス日本語教科書における感謝表現の扱い―中国の商務日語教材を資料として―」で構成されている。

　第七章は中国の高等教育機関におけるビジネス日本語教材の現状を紹介し、現行の「国家級規劃教材」9種、計15冊における感謝表現の扱いについて分析する。具体的に「感謝に関する課題」、「文法的構造」、「会話文・文書」、「ビジネスマナーや日本の商習慣」、「練習問題」について教科書における解説の有無を明らかにすることによって、感謝表現の扱いの改善点について提言する。

　終章では本論の結論をまとめ、今後の課題について述べる。

第一部

ビジネス場面における感謝表現の日中対照研究

第一章　ビジネス文書における感謝表現の日中対照研究

1　はじめに

　ビジネス文書は商取引に伴う会社間のやりとり、友好関係の維持、社内の通信・決議に関する文書であり、商業活動の架け橋のような存在である。諸星 (2012) によると、日本では多数のビジネス文書文例集・マニュアル本が出版されており、ビジネス日本語の貴重な研究資料になっている。その研究分野は、語彙・語法の研究、敬語研究、対照研究、通時的研究、日本語教育としての研究など幅広く挙げられるが、殆どが未開拓の新分野である。

　本章で後述するように、日本のビジネス文書には数多くの感謝表現が使われており、複雑な形式に伴う他、上下・親疎関係による待遇表現が大きく相違する。日本と中国の職場文化と商習慣が大きく異なっているため、感謝の意を述べる際に相手の文化・習慣を配慮し、相応しい言語行動を選ぶのが望ましい。そのため、中国のビジネス日本語学習者にとって日中感謝表現の異同への理解は非常に重要であると思われる。

　これまでの研究では、書き言葉或いはビジネス文書における感謝表現についての研究はほとんど見当たらないことから、ビジネス文書の運用のためにビジネス文書における感謝表現の使用実態を明らかにする必要があると思われる。本章では日中ビジネス文書文例集における感謝表現を取り上げ、その出現状況を把握し、それぞれの用法の傾向を考察していく。

2　調査資料と感謝表現の出現数

　本章では市販されている日本語ビジネス文書文例集の6冊と中国語ビジネス文書文例集3冊を対象にし、感謝表現の出現数と使用状況をまとめ、比較しながら考察を行う。調査資料は以下の通りである。

日本語ビジネス文書文例集
　① 　志田　唯史（2003）『ビジネス文書　基本文例230』オーエス出版　310ページ　全230件
　② 　倉澤　紀久子（2006）『「できる！」と言わせるビジネス文書』小学館　191ページ　全136件
　③ 　岡田哲・諸星美智直監修、横須賀てるひさ・藤井里美　（2008）『そのまま使えるビジネス文書文例集＜ダウンロード特典付き＞』　かんき出版　287ページ　全250件
　④ 　福島　哲史（2010）『早引き！ビジネス文書の文例＋マナー事典』成美堂出版　319ページ　全350件
　⑤ 　日本語文書研究会（2010）『最新版　すぐに役立つ文書・書式大事典』法研　399ページ
　⑥ 　日本語文書研究会（2012）『超早引き！ビジネス文書の書き方文例500』主婦と生活社　320ページ　全500件

中国語ビジネス文書文例集
　⑦ 　張　浩（2004）《新編商務信函写作模式》藍天出版社
　⑧ 　暁　佳（2006）《商務文書范本大全》中国言実出版社
　⑨ 　尚　国（2010）《私営公司最新最実用的1000例商務文書范本》中国商業出版社

この9冊における感謝表現の出現数を表1に示す。

表1　ビジネス文書文例集における感謝表現の出現数

	文例集	用例数
日本語	①志田 (2003)	146
	②倉澤 (2006)	101
	③岡田・諸星 (2008)	156
	④福島 (2010)	237
	⑤法研 (2010)	72
	⑥主婦と生活社 (2012)	243
中国語	⑦张 浩 (2004)	79
	⑧晓 佳 (2006)	17
	⑨尚 国 (2010)	14
	計	1065

　表1の用例数からみると、日本語の用例数は圧倒的に多いが、中国語ビジネス文書文例集は日本のビジネス文書文例集との編集方法は大きく異るため、多少比較しにくいと考えられる。特に文例集⑧と⑨の感謝表現の例は極めて少ないことから、編集者の個別性による使用頻度の差が認められる。ただし、日本語ビジネス文書においては後述の文頭挨拶や文末挨拶の感謝表現が大量に出現することから、このような感謝表現は日本語ビジネス文書特有の表現で、調査結果を大きく左右したと思われる。

3 ビジネス文書における感謝表現の使用実態

3.1 日本語ビジネス文書における感謝表現
3.1.1 感謝の気持の表出—感謝型表現

　感謝の気持を表出する表現、つまり感謝の契機に対して話し手が直接に相手に謝意を表明する場合に、日本語ビジネス文書においては「ありがとう」「お礼」「感謝」「深謝」の4つの基本形式がある。それぞれの出現数を表2に示す。「感謝型表現」は日本語ビジネス文書において最も一般的な感謝表現として全体の9割以上を占めている。

　表2から見ると、総例数879例の中で「お礼」が473例で最多であり、54％と半分以上を占めている。次に「ありがとう」239例、27％、「感謝」132例、15％、「深謝」35例、4％である。各文例集を比較してみると、文例集③の「ありがとう」と「お礼」の用例数は同じであるのに対し、文

表2　日本語ビジネス文書における感謝型表現の出現数

文例集	ありがとう	お礼	感謝	深謝	計
①志田 (2003)	16	95	17	0	128
②倉澤 (2006)	25	49	14	8	96
③岡田・諸星 (2008)	66	66	13	2	147
④福島 (2010)	62	107	37	15	221
⑤法研 (2010)	12	40	10	4	66
⑥主婦と生活社 (2012)	58	116	41	6	221
計	239	473	132	35	879

例集⑤の「ありがとう」の用例数が比較的少ないことから、編集者による使用頻度の差が見られる。これからは4形式それぞれの具体的な用法を表にまとめ、考察していく(( )内は延べ語数)。

「ありがとう」

「ありがとう」の形式と用法を表3に示す。

「ありがとう」の形式は普通形と過去形に分かれている。その中で普通形が154例で65%を占めている。出現位置からみると、普通形は主に前文に出現し、そこから、聞き手の「日頃から受けた好意に対する感謝」の

表3「ありがとう」の形式と用法

形式	用例数	出現位置	修飾語	特徴と用法
ありがとうございます	154	前文(113) 主文(40) 末文(1)	誠に/まことに(134) 修飾語なし(19) 毎度(1)	前文に出現するのが多い。文頭挨拶として使用されることが多い。話し言葉にも多用される表現である。
ありがとうございました	83	前文(11) 主文(71) 末文(1)	誠に(57) 修飾語なし(25) どうも(1)	過去形であるため、主文の正式的な用件に入る前に多用される。主に過去に受けた好意や利益に感謝する機能を持つ。
ありがたく存じます	2	前文(2)	誠に(1) 大変(1)	現代のビジネス文書ではあまり用いられていない形である。

意を表す機能を持っていると思われる（例 (1)）。このような表現は日本語ビジネス文書の中で多く見られる。ここで、話し手は相手から具体的な利益や好意を受けておらず、ただ挨拶の言葉として出現する。つまり、文書の具体的な内容に入る前にとりあえず「いつもありがとう」の意を表し、取引先との友好関係と相手への配慮を示し、やりとりをよりスムーズにする働きがある。「反駁」、「抗議」、「断る」などのマイナスの場合にも使用されている。日本語ビジネス文書の最初に出現する季節の挨拶に続き、前文を構成する場合も多く見られる(例 (4))。本論ではこのような表現を「文頭挨拶」とする。前文に出現する同じ機能を持つ他の表現（例 (13)、(25)、(36) など）と置き換えられると思われる。

　ビジネス文書の前文における「文頭挨拶」は旧来の書簡文から変化し、定着している。「頭語」「時候の挨拶」「感謝の挨拶」などで構成される。茗荷（2017）によると、「頭語」とは、書簡文の形式で初めに書く、いわゆる「書き起こし」の挨拶の部分のことであり、現代の書簡文では「拝啓」「前略」などが代表的な例である(注1)。現代のビジネス文書は旧来の書簡作法を維持し、往信に「拝啓」「前略」「謹啓」、返信に「拝復」などの頭語が用いられている。さらに、ビジネス文書は社外文書と社交文書の場合、「拝啓」「拝復」などの頭語の後に、時候の挨拶・感謝の挨拶を述べるのが一般的である。

　文頭挨拶の「ありがとう」に対して、「ありがとう」の過去形は過去に受けたすでに確定された好意や利益に対する感謝であるため、主に文頭挨拶が終わった後、つまりビジネス文書の主文に出現する。たとえ前文に出現しても、「日頃から受けた好意に対する感謝」の機能を持たず、例 (5) のような主文に出現する「ありがとうございました」と同様である。「ありがとう」が末文に出現する場合では、例 (3) のような後ろにすぐ文末挨拶が来る場合と、例 (7) のような文書をまとめる機能を持たず、ただ前に出現した感謝表現を繰り返す例も見られる。「ありがとう」の修飾語は主に「誠に」が用いられる。例 (5) の「どうも」のような話し言葉の感謝表

現が1例見られる。

「ありがとう」を用いる例文

(1) 毎々ひとかたならぬご厚誼にあずかり、誠にありがとうございます。
（④　p132　社外文書　見積　前文）

(2) さて、5月10日に頂戴した貴信拝見いたしました。このたびは新規取引のお申込みをいただき、誠にありがとうございます。喜んでご承諾申し上げます。
（⑤　p80　社外文書　承諾　主文）

(3) 毎度ありがとうございます。まずは、ご注文お請けのご通知かたがたお礼申し上げます。
（⑤　社外文書　承諾　末文）

(4) 拝啓　時下ますますご盛栄のこととお喜び申し上げます。先般はお打ち合わせをさせていただき、誠にありがとうございました。
（③　p163　社外文書　お礼　前文）

(5) 先日は弊社の最終面接にお越しいただき、どうもありがとうございました。
（①　p169　社外文書　通知　主文）

(6) さて、このたびは貴社新社屋が落成されました由、ご丁寧なるご挨拶をいただきまして、誠にありがとうございました。
（②　p121　社交文書　お祝い　主文）

(7) このたびはご入金ありがとうございました、今後ともよろしくお願いします。
（③　p159　社外文書　お礼）

(8) さて、このたびはお忙しい中、小社創立十周年記念祝賀会にご出席いただきまして、誠にありがとうございました。
（⑥　p189　社交文書　お礼　主文）

(9) さて、このたびは身勝手なお願いを申し上げたにもかかわらず、心

よくお聞き届けくださり誠にありがとうございました。

(⑥　p193　社交文書　お礼　主文)

(10) 社葬に際しましては、ご多用中のところご会葬いただき、ご丁寧なご芳志を賜りまして、誠にありがとうございました。

(②　p137　社交文書　お礼　主文)

また、「ありがたく存じます」は2例見られる。

(11) さて、7月14日付貴信にていただきました新規お取引のお申し入れ、誠にありがたく存じます。

(②　p75　社外文書　承諾　主文)

(12) 平素よりのご厚情を大変ありがたく存じます。

(⑥　p217　社外文書　紹介　前文)

「ありがたく存じます」は感謝の定型表現であるが、現代のビジネス文書における用例はかなり希少である。

「お礼」

「お礼」の形式と用法を整理すると表4のようになる。

表4からみると、「お礼」の最も一般的な形式は「お礼申し上げます」であり、次に「お礼まで」「お礼かたがた」のようなビジネス文書の末文に出現する表現がある。その中で「お礼申し上げます」の272例は前文に出現し、主に文頭挨拶として働くことが判明した。

「お礼」の修飾語については、「厚く」が最多で、次に「心より」「ありがたく」「心から」も多用される。「衷心より厚く」、「誠にありがたく厚く」のような多重修飾も多く見られる。「文末挨拶」の場合では修飾語が用いられない。また、これらの修飾語としての「ありがたく」は「ありがたい」の連用修飾で、ビジネス文書の前身である商用文に多く見られる用法である(本論の第二部で後述)。現代のビジネス文書では、「お礼」と「ありがたく」の共起がかなり少なくなり、感謝表現は「ありがとうございます」

表4 「お礼」の形式と用法

形式	用例数	出現位置	修飾語	特徴と用法
お礼/御礼申し上げます 御礼を申し上げます お礼申し上げるとともに	412	前文 (272) 主文 (84) 末文 (56)	厚く (251) 修飾語なし (58) 心より (34) ありがたく (11) 心から (10) 深く (8) 謹んで (4) 衷心より (5) あらためて (2) 重ねて (2) 重ね重ね (1) ありがたく厚く (5) 衷心より厚く (3) 心より厚く (1) 心から厚く (2) ありがたく心より (1) 誠にありがたく (1) まことに/誠にありがたく厚く (8) 誠にありがたく重ねて (1) まことにありがたく心より (1) 大変ありがたく重ねて (1) 誠にありがたく、幾重にも厚く (2)	全形式で最も多用される表現である。前文、主文、末文のいずれからも出現する。修飾語も最も豊富で、多重修飾が見られる(例 (19)、(21))。文頭挨拶と文末挨拶の機能として働くことが多い。

お礼まで お礼／御礼まで申し上げます	18	末文 (18)	修飾語なし (18)	文末挨拶 文例集③、④、⑥にしか出現しない。文末挨拶の場合、「お礼」以外の表現と置き換えることができない。修飾語がない。 例 (15)、(16)、(18)、(23)
お礼／御礼かたがた／お礼旁々	30	末文 (30)	修飾語なし (30)	文末挨拶
お礼とご報告／お詫び申し上げます お礼のご挨拶申し上げます 御礼のみ申し上げます お礼と退職のごあいさつを申し上げます ご挨拶とお礼を申し上げます お礼を兼ねてご挨拶申し上げます お礼に代えさせていただきます	10	末文 (10)	修飾語なし (10)	文末挨拶 感謝以外の挨拶と共起し、文書の性質を反映する。
お礼／御礼申し上げる次第でございます	2	主文 (2)	厚く (2) あらためて (1)	
お礼の言葉もございません	1	主文 (1)	修飾語なし (1)	

のような和語類と「お礼申し上げます」「感謝致します」のような漢語類に二分化している。

「お礼」を用いる例文

(13) 拝啓　時下ますますご繁栄のこととお喜び申し上げます。平素はひとかたならぬご愛顧をいただき、厚くお礼申し上げます。

(③　p124　社外文書　照会　前文)

(14) 東京支社在勤中は公私にわたり、いろいろとお世話になりましたことを心からお礼申し上げます。

(⑥　p181　社交文書　社交　主文)

(15) 本来なら、拝顔のうえお礼を申し上げるべきところ、略儀にて失礼とは存じますが、書面をもってご挨拶かたがたお礼申し上げます。

(③　p198　社交文書　返礼　末文)

(16) まずは書中にて、ご注文承りのご通知かたがたお礼まで。

(⑥　p141　社外文書　承諾　末文)

(17) まずは、取り急ぎ書面をもちまして、開店祝いのお礼まで申し上げます。

(③　p197　社交文書　返礼　末文)

(18) 直接参上の上、ご報告申し上げるべきところではございますが、略儀ながら書中をもちましてお礼かたがたごあいさつ申し入れる次第です。

(⑤　p134　社交文書　挨拶　末文)

(19) さて、このたびは、朝読新聞社主催「ビジネスモデルコンテスト」最優秀賞受賞についてのご祝詞を頂戴いたし、ご懇情のほどありがたく、厚くお礼申し上げる次第でございます。

(③　p203　社交文書　返礼　主文)

(20) また、留守中の家族にも温かいご配慮をいただきましたこと、お礼の言葉もございません。

(⑤　p135　社交文書　挨拶　主文)

(21) このたびの自動車事故で入院中の私を、ご多用中にもかかわらず、お見舞いくださり、加えて結構なお見舞いの品までいただき、誠にあ

りがたく、幾重にも厚くお礼申し上げます。

(⑤　p170　社交文書　お礼　前文)

(22) さて、5月21日付ファクシミリによる取材のご依頼状、たしかに拝受いたしました。貴社出版予定の単行本『現代のIT起業家群像(仮)』におきまして、小職をその一端にお加えいただきましたこと、まことに光栄と存じ、心より厚く御礼申し上げます。

(①　p224　社外文書　断り　主文)

(23) 本来なら、参上のうへお礼申し上げるべきところではございますが、誠に失礼ながら、書中をもって、お礼のご挨拶申し上げます。

(②　p135　社交文書　お礼　末文)

(24) 同営業所をご利用の皆様には、ご迷惑をおかけすることを心よりお詫び申し上げますとともに、これまでのご支援、ご愛顧に深く御礼申し上げます。

(④　p159　社交文書　挨拶　主文)

「お礼」の形式は4分類の中で最も豊富で、例(13)のような文頭挨拶や例(14)のような「過去に受けた好意」に対する感謝が最も一般的である。さらにここで注目されるのは末文に出現する「お礼」の表現である。このような表現をビジネス文書の「文末挨拶」とし、文書の内容によって締めくくる機能や文書の性質を反映する機能を持つ。表現としては「お礼かたがた」「お礼まで」が用いられる。この場合は「お礼」以外の表現が用いられないことが本章の調査で判明した。相手の恩恵や利益に対する言語行動より、文書の丁寧さ、簡潔さ、統一感を強める機能として働いている。

　「ありがとう」と「お礼」の出現する文書の種類は幅広く、会社間の業務のやりとりの文書と社交文書で多用されている。

「感謝」

　「感謝」の形式と用法を表5に示す。

　表5からみると、「感謝」の形式は主に「感謝申し上げます」「感謝し

表5 「感謝」の形式と用法

形式	用例数	出現位置	修飾語	特徴と用法
感謝申し上げます 感謝を申し上げます 感謝申し上げるとともに 感謝申し上げますとともに	56	前文(20) 主文(36)	深く(19) 修飾語なし(4) 心より(16) 心から(3) あらためて/改めまして(2) 衷心より(1) ありがたく(1) 厚く(1) 謹んで(1) 誠に/まことにありがたく(2) 衷心より深く(1)	修飾語は「深く」、「心より」が多用される。「深く感謝」と「深謝」が置き換えられる。末文には出現しない。前文に出現する場合は文頭挨拶の機能を有する。
感謝いたしております	25	前文(4) 主文(21)	心より(11) 深く(7) 修飾語なし(5) 心から(2)	
感謝しております	16	前文(1) 主文(15)	深く(7) 修飾語なし(3) 心より(3) 心から(3)	
感謝いたします 感謝いたしますとともに	10	前文(5) 主文(5)	深く(4) 心より(2) 修飾語なし(2) 本当に(1) 厚く(1)	

感謝申し上げる次第でございます 感謝している次第でございます 感謝申し上げる次第です	10	主文 (10)	心より (4) 深く (2) 心から (2) 修飾語なし (1) いたく (1)	
感謝し 感謝するとともに	5	主文 (5)	深く (3) 修飾語なし (2)	聞き手に対する感謝ではなく、第三者に対する感謝である。例 (29)
感謝に堪えません	5	主文 (5)	修飾語なし (5)	中国語の「不胜感谢」と似たような表現。
感謝の気持でいっぱいです 感謝の気持で一杯でございます 感謝の念を禁じえません 感謝の至でございます 感謝してやまないところでございます	5	主文 (2)	修飾語なし (3) 心より (1) いまさらながら (1)	

　て／いたしております」「感謝いたします」が見られる。修飾語は主に「深く」、「心から」、「心より」が用いられる。「ありがたい」の連用修飾「ありがたく」が3例見られる。

　「感謝」は主にビジネス文書の主文に出現し、「過去に受けた好意」に対する感謝が最も一般的である (例 (26)(27))。例 (29) のような第三者に対する用法も見られる。他には、「感謝の気持でいっぱいです」「感謝の念を禁じえません」「感謝してやまないところでございます」などの独特な用法も見られる。

「感謝」を用いる例文

(25) 日頃はひとかたならぬお引き立てを賜り深く感謝申し上げます。

(⑤　p100　社外文書　回答　前文)

(26) 和歌山支社在勤中つつがなく職務をまっとうできましたのは、ひとえに皆様のご高配の賜物と心より感謝いたしております。

(⑤　p133　社交文書　挨拶　主文)

(27) 弊社ご担当時にはひとかたならぬお世話をいただきましたこといまさらながら感謝の念を禁じ得ません

(④　p212　社交文書　弔事　主文)

(28) これも偏に、貴社がTVや新聞などで展開されたキャンペーンの成果と、いたく感謝している次第です。

(⑥　p82　社外文書　回答　主文)

(29) ここに生前のご厚誼に深く感謝し　謹んでご通知申し上げます

(⑤　p213　社交文書　弔事　主文)

(30) この間、取扱商品が家電から現在のデジタル情報通信機器へと広がり、当店も順調に発展してまいりましたのは、ひとえに皆さまの並々ならぬお引き立てのたまものと、心より感謝いたしております。

(①　p163　社外文書　通知　主文)

(31) 今年も大過なく年の瀬を迎えることができますのは、ひとえに皆様のご支援、ご愛顧の賜物と心より感謝いたしております。

(②　p106　社交文書　季節の挨拶　主文)

(32) さて、このたび、私こと体表取締役社長就任に際しまして、早速ご丁重なるご祝詞を賜り、さらにかような過分なるお祝い品まで頂戴いたしまして、深く感謝申し上げます。

(③　p198　社交文書　返礼　主文)

また、「感謝」は社交文書で多用され、132例の内96が社交文書に出現している。

「深謝」

「深謝」の形式と用法を次ページ表6に示す。

　深謝は「深く感謝」の意味を持つため、「感謝」の用法とほぼ同じであると思われる。また、「深謝」の「深」にはすでに感謝を強める働きがあり、他には修飾語を用いないことがわかる。「深謝」は「感謝」と同じく、社交文書で多用され、35例の内26が社交文書に出現している。

「深謝」を用いる例文

(33) ここに生前のご厚情を<u>深謝し</u>　謹んでご通知申し上げます
　　　　　　　　　　　　　　　　　(⑤　p173　社交文書　弔事　主文)

(34) さて、弊社の新社屋完成披露にご光臨の栄を賜りましたこと<u>深謝申し上げます。</u>
　　　　　　　　　　　　　　　　　(③　p201　社交文書　返礼　主文)

(35) このような大役を担うことになりましたのも、長年にわたる皆様のご支援の賜と<u>深謝申し上げます。</u>
　　　　　　　　　　　　　　　　　(④　p200　社交文書　礼状　主文)

(36) 平素は格別のご高配を賜り、<u>深謝いたします。</u>
　　　　　　　　　　　　　　　　　(⑤　p74　社外文書　断る　前文)

(37) 本年中、皆様から賜りましたご愛顧に<u>深謝いたします</u>とともに明年も変わらぬご指導ご鞭撻を賜りますようお願い申し上げます。
　　　　　　　　　　　　　　　　　(②　p131　社交文書　弔事　主文)

(38) 日頃は何かとお引き立てを賜り、<u>深謝申し上げます。</u>
　　　　　　　　　　　　　　　　　(⑥　p134　社外文書　断る　前文)

(39) また、博多支店ご在任中、ひとかたならぬご厚情にあずかりましたこと、<u>深謝申し上げます。</u>
　　　　　　　　　　　　　　　　　(②　p123　社交文書　お祝い　主文)

(40) これもひとえに皆様のあたたかい励ましのおかげと、<u>深謝申し上げます。</u>
　　　　　　　　　　　　　　　　　(④　p206　社交文書　礼状　主文)

表6 「深謝」の形式と用法

形式	用例数	出現位置	修飾語	特徴と用法
深謝申し上げます 深謝申し上げております	16	前文(12) 主文(4)	修飾語なし(16)	「深く感謝」と置き換えられる。前文に出現する場合は文頭挨拶の機能を有する(例36)。
深謝いたします 深謝いたしますとともに	6	前文(3) 主文(3)	修飾語なし(6)	
深謝しております	1	主文(1)	修飾語なし(1)	
深謝いたしております	2	前文(2)	修飾語なし(2)	
深謝申し上げる次第でございます	1	主文(1)	修飾語なし(1)	
深謝し	7	主文(7)	修飾語なし(7)	すべての例文は「弔事」の文書にある。「感謝し」の例(29)と同じ、第三者に対する感謝である。
深謝に堪えません	2	前文(1) 主文(1)	修飾語なし(2)	中国語の「不胜感謝」と似たような表現。

3.1.2 謝罪型表現

　感謝行動は、相手から利益や好意を受けた場合に生じる。しかし、これはあくまでも感謝行動の「契機」に過ぎず、必ず感謝の言語行動を引き起こすわけではない。日本語では「感謝場面で謝罪表現が使用される」ことがよく観測できる（感謝が契機となって謝罪の言語行動を引き起こす）。感謝による契機と謝罪表現について西尾(2014)では以下のような記述がある。

「すみません」などの謝罪の「言語表現自体」が、感謝の意味を持たないことを示している。しかし、感謝行動の契機が存在する状況で「すみません」が使用された場合、その表現に「感謝の気持ち」が込められていないという判断は、観察者にはできない。「すみません」などの謝罪表現自体が「感謝の意味」を持たなくても、その表現の使用によって「感謝の気持ち」は表出できるからである。(244頁)

したがって、謝罪表現が使用される場合、恩恵の有無によって「感謝」か「謝罪」であるかについて、性質が判断できる。本章の調査では前後の文脈の分析から「謝罪型表現」を確認している。

「謝罪型表現」の例文

(41) また、心のこもったお祝いの品までいただき、ただただ恐縮いたしております。

（① p287 社交文書 礼状 主文）

(42) さて、このたびはていねいに結構なお歳暮の品をご恵贈賜り、常変わらぬ芳情に対しまして、恐縮の至りに存じ上げる次第です。

（① p289 社交文書 礼状 主文）

(43) さて、このたびはご丁重なお中元の品をお贈りいただき、まことに恐縮いたしております。

（① p289 社交文書 礼状 主文）

(44) いつも変わらぬお心遣いをいただき、恐縮いたしますとともに、心から感謝申し上げる次第でございます。

（② p132 社交文書 お礼 主文）

(45) さて、先日は業務提携の件につき、弊社までご訪問いただき、ありがとうございました。ご多忙のところ誠に恐縮の至りでございます。

（③ p155 社外文書 お礼 主文）

(46) さて、このほどは、弊社東証マザーズ市場公開につき、ご丁寧な

ご祝詞ならびに過分なお祝いの品を頂戴いたしまして、誠に恐縮至極に存じます。

(③　p202　社交文書　返礼　主文)

(47) さて、このたびの事務所開設にあたり、さっそく身にあまるご祝辞、またお祝いの品を賜り、恐縮いたしております。

(⑤　p166　社交文書　お礼　主文)

「謝罪型表現」は本章の調査では7例しか見られない。いずれもビジネス文書の「お礼」「返礼」のような感謝状の主文に出現する。形式については、7例とも「恐縮」を使用している。具体的には「恐縮いたしております」「恐縮の至り」「恐縮至極」「恐縮いたします」がある。「恐縮」「恐れ入る」などの表現は、字面だけで「謝罪型表現」として判断し難いが、序章で述べた秦 (2002)、赤堀 (1995) の分類によると、「恐縮」類の表現は話し手が恩恵や好意を受ける時に「相手に迷惑をかけた」のような「申し訳ないの気持ちの表出」の働きがあり、話し言葉の「すみません」と似たような表現である。また、先行研究で示したように、「謝罪型表現」は感謝の契機に対して、謝罪の言語行動を引き起こす表現である。これは話し手から相手に「許しを乞う気持ち」の表明に重きを置くからである。例 (44)、(45) のような1つの契機に対して「感謝型」と「謝罪型」が共起する場合も見られる。

3.1.3　事実関係の叙述―「お世話」と「おかげ」

「お世話」と「おかげ」のような「事実関係の叙述の表現」の分類に当たる感謝表現は56例見られる。

「お世話」を用いる例文

(48) 日ごろお世話になってばかりおりますにもかかわらず、わざわざ竣工祝賀会にお招きにあずかり感謝に堪えません。

(① p254　社外文書　お詫び　主文)
(49) このたびはいろいろとお世話になっております。

(② p51　社外文書　照会　前文)
(50) さて、本年も大変お世話になりました。深く感謝しております。

(③ p180　社交文書　挨拶　主文)
(51) 弊社ご担当時にはひとかたならぬお世話をいただきましたこといまさらながら感謝の念を禁じ得ません

(④ p212　社交文書　弔事　主文)
(52) 東京支社在勤中は公私にわたり、いろいろとお世話になりましたことを心からお礼申し上げます。

(⑥ p181　社交文書　挨拶　主文)
(53) ナニワ不動産販売在勤中はたいへんお世話になり心より感謝いたします。

(① p265　社交文書　挨拶　主文)
「お世話」の例文は9例で、例(49)以外すべて「感謝型表現」と共起する。「お世話になる」は実際に相手の世話などを受けていない場合で、相手の気持や好意に配慮し、人間関係を維持する機能を有する。

「おかげ」を用いる例文

(54) おかげさまで当月は商品を販売してから最大の売り上げとなりました。これもひとえに御社のご協力あってのことでございます。

(③ p157　社外文書　お礼　主文)
(55) さて、かねてより皆様のご援助のもとに、事務所の設立準備を進めてまいりましたが、おかげさまでこのたび無事発足の運びとなりました。

(③ p182　社交文書　招待　主文)
(56)「DANDANカフェ」も東京都内で4店舗目となりました。これもひとえに皆様方のご厚情のおかげでございます。

(③　p197　社交文書　返礼　主文)

(57) おかげをもちまして滞りなく説明を終え、また貴重なご意見ご要望を数多く拝聴することができました。

(①　p292　社交文書　礼状　主文)

(58) おかげさまで当社の業績も順調で、社員一同心から感謝いたしております。

(②　p205　社交文書　季節の挨拶　主文)

(59) さて、おかげさまで弊社は平成○年４月１日をもちまして、創立十周年を迎える運びとなりました。これもひとえに皆様方の厚いご支援とあたたかい激励の賜でございます。

(④　p158　社交文書　挨拶　主文)

(60) おかげをもちまして、当社の業績も順調に推移いたしております。これもひとえに皆様方のご支援のたまものと深く感謝申し上げます。

(⑤　p152　社交文書　贈答　主文)

(61) 開業以来今日まで、大過なく順調に歩んで来られましたのも、偏に皆様のご愛顧とご指導のおかげであり、厚くお礼申し上げます。

(⑥　p179　社交文書　挨拶　主文)

「おかげ」の例文は47例あり、形式は「おかげさまで」「おかげをもちまして」「おかげさまでございます」などの定型表現が見られる。前件には「…の賜」「…の賜物」で相手から受けた行為や利益を強調し、話し手の感謝の気持と敬意を表す。

文脈を見ると、「事実関係の叙述の表現」の例においては「感謝の契機」が不明確で、「謝意を表す」より相手に対する「お世辞」に近い表現であり、つまり文脈上相手から何の利益や恩恵も受けていないにもかかわらず、相手との関係・相手の身分などに配慮しながら感謝する。とくにビジネス文書の場合は会社の成立、新社屋の落成、昇進するなどプラスの文書に使用され、話し手の対人的配慮が見られる。

3.1.4 その他の感謝表現

その他の感謝表現は日本語ビジネス文書に 13 例見られる。いずれも「話し手の気持の表出」のような用法である。「お疲れ様/ご苦労様」のような「慰労の念の表出」の感謝表現は本章の調査では見られない。

(62) さて、9月 12 日付貴書簡にて貴会理事就任のご要請をいただき<u>光栄に存じます。</u>

（① p225　社外文書　断り　主文）

(63) また、新社屋落成パーティにもあわせてお招きいただき、<u>大変うれしく存じます。</u>

（③ p193　社交文書　お祝い　主文）

このような感謝表現は感謝の契機に対して、感謝型・謝罪型表現を使わず、受けた恩恵や好意に話し手の「嬉しい」「光栄」などの気持を表している。形式としては、「嬉しく存じます」「光栄に存じます」のような謙遜語を伴う例が見られる。

それ以外に日本語ビジネス文書では (64) のような「感謝の意を言い尽くせない」の表現形式が 2 例見られる。2 例とも「言葉に尽くせません」を用いる。

(64) 社員一同どれだけ励みになりましたか、<u>言葉に尽くせません。</u>

（③ p155　社外文書　お礼　末文）

3.2　中国語ビジネス文書における感謝表現
3.2.1　感謝型表現

中国語ビジネス文書における「感謝型表現」は 100 例で全体の 9 割以上を占めている。「感謝型表現」は中国語ビジネス文書において「感謝」「谢谢」「多谢」「感激」「谢意」「谢忱」の 6 種類見られる。その中で「谢谢」「多谢」は話し言葉にも多用される表現である。また、「感激」以外のすべ

表7　中国語ビジネス文書における感謝型表現の形式と用法

形式	用例数	修飾語	意味と用法
感谢	64	修飾語なし (46) 非常 (5) 衷心／衷心的 (5) 再次／再一次 (4) 由衷的 (1) 不胜 (1) 深表 (1) 真心的 (1)	もともとは書き言葉的な表現であり、日本語の「感謝」とほぼ同じ意味である。
谢谢	22	修飾語なし (22)	日常生活でよく使われる表現である。
感激	9	不胜 (5) 至为 (2) 深获 (1) 修飾語なし (1)	他人の好意と援助に対する感謝や感動の気持を表す。
多谢	2	修飾語なし (2)	話し言葉でよく使われる。感謝の意の軽い挨拶の言葉でもある。
谢意	2	诚挚的 (1)	「感謝の意」の意味である。
谢忱	1	深表 (1)	「感謝の意」の意味である。主に手紙や文書に出現する。

ての表現は「谢」を用いている。「感謝型表現」の出現状況を表7に示す。
　中国語ビジネス文書における「感謝型表現」は例 (65)(66)(73)(75) などのような「過去に受けた好意」に対する感謝が多い。日本語ビジネス文書

の「文頭挨拶」と「文末挨拶」のような表現は見当たらない。表7からみると、修飾語を用いない場合が多い。

「感谢」を用いる例文

(65) 感谢您3月18日发出的关于去年年底从我处购买的xxx产品存在问题的信件。
（3月18日貴信にて去年年末弊社から御購入頂きましたxxx商品に関する問い合わせに感謝致します。）
（⑦　p132　接受投诉(クレーム対応)）

(66) 感谢您9月8日的信函通知我们，由于从意大利进口的原材料短缺，8月17日第33号订单项下的货物将延期发送。
(9月8日貴信にてお知らせいただき、感謝致します。…)
（⑦　p177　接受延期(延期を認める)）

(67) 感谢贵方的惠顾，希望我们能保持经常的贸易联系。
((貴社の)御愛顧感謝致します。今後とも貿易関係を維持するよう願います。)
（⑧　p61　确认订购(注文を確定する)）

(68) 我厂建厂30年能取得今天的成绩，离不开新老朋友们的真诚合作和大力支持。对此我们表示由衷的钦佩和感谢。
(弊工場設立30年以来、今日のような成績に達するのは皆様方の真摯なる御協力と大いなる御支持あればこそでございます。これに対して、我々は衷心より敬服と感謝の意を表します。)
（⑨　p422　欢迎词(歓迎の辞)）

「谢谢」を用いる例文

(69) 贵方5月15日订购2000台电视机的报价函收悉，谢谢。
(貴社5月15日ご注文テレビ2000台に対する見積書を受取りました。ありがとうございます)

((⑦　p158　拒绝报价 (見積を拒絶する))

(70) 我公司对此非常重视，但无力鉴别真假文凭，想请贵校帮助识别。<u>谢谢</u>。

(弊社は大変重視しておりますが、証書の真偽を判別できません。貴校の協力を得たく存じます。ありがとうございます。)

((⑦　p221　文凭真伪查证 (証書の真偽を判別する))

(71) 贵公司 xxxx 年 x 月 x 日的报价单收悉，<u>谢谢</u>。

(貴社 xxxx 年 x 年 x 月付で見積書を受取りました。ありがとうございます。)

((⑧　p60　订购 (注文する))

(72) 贵方 x 月 x 日询价函收讫，<u>谢谢</u>。

(貴社 x 月 x 日付で見積書受取りました。ありがとうございます。)

((⑨　p151　报价 (見積する))

「多谢」を用いる例文

(73) <u>多谢</u>贵公司 x 月 x 日的查询，我方已按贵公司要求，随函附上几款适合做衬衫的梭织布料。

(貴社 x 月 x 日付でお見積り頂いたことに多謝します。…)

((⑦　p151　回复报价 (見積に回答する))

(74) 本着友好合作，协商解决问题的原则，以上的处理方案请您尽快决定及洽谈处理细节，或您对以上处理有任何意见，请您尽快与我方联系，解决余留事宜，多谢合作！

(…御協力に多謝します。)

((⑦　p134　催告 (催促する))

「谢谢」と「多谢」は日常生活で頻繁に使用される表現であるが、ビジネス文書のような書き言葉の場合では「谢谢」「多谢」の謝意は低い。ただ相手の行為に対する漠然としたお返し言葉として働くこともある (例 (71)(72)(74))。この 2 つの形式に対して、例文数が一番多い「感谢」はも

ともと書き言葉であり、「谢谢」「多谢」よりフォーマルな場面で使われる。

「感激」を用いる例文

(75) 贵方于3月28日寄来的DF-16号订单及其装船通知单均已收到，至为感激。

（貴社3月28日貴信にてDF-16号注文及び船積みのお知らせを受取りました。感激の至でございます。）

(⑦　p153　请开信用证信函(信用調査報告書を依頼する))

(76) 您对本公司的热忱，深获我们的感激。

（弊社に対する熱意に、(我々は)深く感激しています。）

(⑦　p220　答复求职(求職に回答する))

(77) 为此，请来函告诉我们该公司商业信誉与信用状况，本公司将至为感激。

（このため、我々にこの会社の商業信用状況を返信でお知らせくだされば、(弊社は)感激の至です。）

(⑦　p129　信用查询(信用を調査する))

(78) 千言万语写不尽感激之情，我公司只有通过日常工作中遵章经营，守法纳税的实际行动来对工商局窗口为我公司提供的优质服务做出真情报答。

（我々の感激の意は言葉に尽くせません。…）

(⑨　p413　感谢信(感謝状))

「感激」は「深く感謝」の意を有するため、日本語の「感激」とは異なる表現である。

「谢意」を用いる例文

(79) 朋友们不顾路途遥远专程前来贺喜并洽淡贸易合作事宜，为我厂30周年厂庆更添了一份热烈、祥和的气氛，我由衷地感到高兴，并对朋友们为增进双方友好关系做出努力的行动，表示诚挚的谢意！

(…皆様方のお互いに友好関係に対する努力に対して真摯なる謝意を表します。)

(⑨　p422　欢迎词(歓迎の辞))

(80) 并对朋友们为增进双方友好关系作出努力的行动，表示诚挚的谢意。

(…ここに真摯なる謝意を表します。)

(⑧　p419　欢迎词(歓迎の辞))

「谢意」はいずれも「欢迎词」(歓迎の辞)の中に出現し、修飾語は「诚挚的」(誠意をこめた・真摯なる)を用いる。

「谢忱」を用いる例文

(81) 借此机会，本集团董事局对全体员工一年来之辛勤工作及全体股东和政府、社会各界的信赖与支持，深表谢忱。

(この機会に、本グループ理事局は社員全員一年間の御奮闘と、株主各位と政府、社会各界の御信頼と御支持に、深く感謝の意を表します。)

(⑨　p234　年度财务报告(年次財務報告書))

「谢忱」は現代ではあまり使用されていない書き言葉であり、手紙や文書にしか用いられていない。

「感謝」「感激」「謝意」「謝忱」の前に「表」「表示」で感謝の気持を表す(例(63)(76))。さらに「深」「诚挚的」「衷心的」などの修飾語と組み合わせ、「深表」「表示诚挚的」となり、感謝の意を強める働きもある(例(79)(80)(81))。特に「謝意」「謝忱」は「感謝の意」の意味を表すため、単独では出現せず、「表」「表示」と共起する。

また、事実関係の叙述の感謝表現が1例見られる。

(82) 我迫不及待地想告诉你，几天前在你店中同你的会谈真令我获益匪浅。

(…大変勉強になりました)。

(⑦　p125　善后信件(後始末する))

日本語ビジネス文書は多くの場合、「前文」「主文」「末文」の順で文書

を簡潔にまとめるのに対し、本章で調査した中国語ビジネス文書の書き方はばらつきがあり、感謝表現の出現位置は把握することが困難である。

3.2.2　その他の感謝表現

中国語のビジネス文書では、感謝の「謝罪型表現」が使われておらず、その他の感謝表現は9例見られる。すべての用例は「話し手の気持の表出」のような表現である。

(83) 1月25日的信函收讫。我们<u>很高兴</u>，现随附寄一份贵方索要的产品说明和价目单。

(1月25日貴信を受け取りました。(我々は)大変嬉しく存じます)

(⑦　p176　回复商业询购(商業オファーに回答する))

「話し手の気持ちの表出」の用例は、「很高兴」(大変嬉しい)、「非常高兴」(非常に嬉しい)、「由衷地感到高兴」(衷心より嬉しい)の3形式がある。すべては「高兴」(嬉しい)を使用し相手の行為に対する喜びの念を表す。前後の文脈をみると、感謝型表現などと置き換えられると考えられる。

3.3　仮定された行為に対する感謝について

熊取谷（1994）はある発話が「感謝」として成立するために、その感謝に対する内容は「確定された行為」が必要条件であると述べ、「仮定された行為」に向ける感謝表現は不適切なものになると指摘している。例えば次のような例が挙げられる。

　　○ このたびはご協力ありがとうございました。(確定された過去の行為に対する感謝)

　　× 明日ご協力いただけると、ありがとうございます。(仮定された将来の行為に対する感謝)

ところが、本章の調査においては、中国語ビジネス文書から「仮定された行為」に対する感謝が多く見られる。例を挙げると

(84) 因此，如果您能回答下列问题，我们将不胜感激。
　（以下の質問にご回答いただけると、感激に堪えません。）
　　　　　　　　　　　　　　　　　（⑦　p221　请求推荐）
(85) 如能收到贵方对我商品提出的详细要求，将不胜感激，确信你我双方能圆满地达成交易。
　（弊社商品について具体的な要求を教えていただけると、感激に堪えません。）
　　　　　　　　　　　　　　　　　　（⑦　p161　报价）
(86) 为此，请来函告诉我们该公司商业信誉与信用状况，本公司将至为感激。
　（この会社の信用情報を返信で教えていただけると、感激に堪えません。）
　　　　　　　　　　　　　（⑦　p129　信用查询（信用を調査する））
(87) 为进一步提高服务质量，更好地为广大客户服务，本公司特设计了这张问卷调查表。…谢谢您的支持，合作。
　（サービスを向上させるため、以下のアンケートを準備しました。…ご支持、ご協力ありがとうございます。）
　　　　　　　　　　　　　（⑧　p395　问卷调查（アンケート調査））
(88) 望鼎力合作，谢谢。
　（ご協力お願いします。ありがとうございます。）
　　　　　　　　　　　　　（⑨　p156　包装磋商（包装に関する協議））
のような感謝表現を用いる時点で恩恵や利益を受けていない場合がある。日本語ではこのような場合に対して、「希望の意の表明」など依頼のストラテジーを用いるべきと考えられる。さらに例(84)(85)(86)の「不胜感激」は「感謝に堪えません」の意味を表し、謝意の程度がかなり高い。例(87)(88)は「谢谢」を使用し、相手に対して軽く謝意を表し、協力を求めることを表明する。

また、中国語の「感激」の9例の中、6例が「仮定された行為に対する

感謝」である。

3.4 文書の種類別対照分析

　本章で調査した日本語ビジネス文書の文例集は「社外文書」「社交文書」「社内文書」に大きく分かれている。その中で「社外文書」と「社交文書」に感謝表現が数多く出現している。「社内文書」においては感謝表現が1例も見当たらない。「社内文書」は社内の通知、報告、連絡などの文書である。そのため簡潔さ、正確さが重視され、挨拶などの礼儀的な部分は省略されることが多く、感謝表現を用いないことが考えられる。

　「社外文書」は主に企業間の日常業務のやりとりなどに関する文書であるため、丁寧な感謝表現を使って相手に敬意や謝意を表し、会社の評価を維持する役割を果たしている。細かい分類から見ると、通知、案内、照会、回答、依頼、交渉、注文、勧誘、申込、承諾、請求、断り、催促、抗議、反駁、お詫びの文書に感謝表現の例が多く見られる。とくに抗議、催促、反駁、断りのような話し手が優位な立場に立つような文書でも文頭挨拶の感謝表現が用いられる。正式の用件に入る前に礼儀正しく挨拶して、相手の気持を配慮し、やりとりをよりスムーズにし、または相手の気持ちを和らげる機能を有すると考えられる。

　「社交文書」は主に取引先との関係を維持するための礼儀的な文書である。簡潔さ、正確さより相手に対する敬意や礼儀を表すことを重視する。その中で挨拶、招待、推薦、祝い、礼状、弔事、紹介、贈答の文例から感謝表現が見られる。特に礼状における感謝表現が多く、1文に2回～5回感謝表現が使われる場合も見られる。見舞い状では感謝表現が見られない。弔事に出現する感謝表現は主に故人に対する感謝である。

　一方、中国語ビジネス文書では感謝表現が主に会社間のやりとりに使われる。その中で催促と断りの例文に感謝表現の例が見られる。両言語に共通する「断り」の文書の感謝表現を以下に挙げる。

(89) 感谢您8月29日发出的6月19日从我处购买的KT打印机进行投诉的信件。
(8月29日貴信にて6月19日に弊社から御購入頂きましたKTプリンターに対するクレームに感謝します。)
(⑦ p133 拒绝投诉(クレームに拒絶する))
(90) 平素は種々ご配意を賜り有難く御礼申し上げます。
さて、このたびは「新文化動向」をご送付いただきありがとうございました。……
まずはお礼かたがたご連絡申し上げます。
(① p226 社外文書 断り 前文・主文 末文)

(89)と(90)に用いられる感謝表現は相手に断る前に、相手の過去の行為に対する感謝を示す例である。両言語の謝意はほぼ同じであるが、日本語の方は文頭挨拶と文末挨拶を使用し、文書における礼儀をより重視するところに特徴がある。

中国語のビジネス文書では、感謝表現が社交文書の「欢迎词」「答谢词」「开幕词」「感谢信」(歓迎、贈答、開幕の挨拶と礼状)に出現する。日本語の感謝表現のような文頭挨拶や文末挨拶がないため、過去に受けた恩恵や3.3のような仮定された好意に対する感謝として用いている。

4 まとめ

本章では日中ビジネス文書における感謝表現の出現状況を詳しく分析した。ビジネス文書における感謝表現の出現状況と用法の傾向について以下の点を明らかにした。

① 日中ビジネス文書における感謝表現の分類について序章で述べた本論における感謝表現の分類を踏まえたうえで、次ページ表8のように感謝表現分類と総出現数をまとめて示す。

表8　日中ビジネス文書における感謝表現の分類別の出現数

	文例集	感謝型	謝罪型	事実叙述	その他	計
日本語	①志田	128	3	9	6	146
	②倉澤	96	1	4	0	101
	③岡田・諸星	147	2	5	2	156
	④福島	221	0	16	0	237
	⑤法研	66	1	3	2	72
	⑥主婦と生活	221	0	19	3	243
	計	879	7	56	13	955
中国語	⑦張 浩	73	0	1	5	79
	⑧暁 佳	16	0	0	1	17
	⑨尚 国	11	0	0	3	14
	計	100	0	1	9	110

② 日本語ビジネス文書と中国語ビジネス文書では、いずれも「感謝型表現」が多用される。他の「謝罪型表現」「事実関係の叙述の表現」「その他の感謝表現」の使用は少ない。特に「謝罪型表現」は日本語ビジネス文書にしか出現しない。中国語ビジネス文書の「事実関係の叙述の表現」は1例のみで、日本語ビジネス文書の「おかげさまで」、「お世話になります」のような定着した決まり文句はない。両言語とも「話し手の気持を表出する」ような感謝表現が見られる。

③ 日本語ビジネス文書における「感謝型表現」には「ありがとう」「お礼」「感謝」「深謝」の4つの基本形式がある。その中で一番多いのは「お礼」であり、次に「ありがとう」「感謝」「深謝」の順となる。「ありがとう」と「お礼」の出現する文書の種類は幅広く、会社間の業務のやりとりの文書と社交文書で多用される。「感謝」と「深謝」は主に社交文書で使用する。

④ 中国語ビジネス文書における「感謝型表現」は「感谢」「谢谢」「多谢」「感激」「谢意」「谢忱」の6種類が見られる。その中で「感谢」が一番多く使用され、「谢谢」と「多谢」のような話し言葉も多く見られる。

⑤ 日本語の感謝表現の形式と修飾語は豊富であり、特に「お礼」と「感謝」の形式が多く、多重修飾語も見られる。感謝表現の丁寧さがかなり重視され、対人的配慮と人間関係(ビジネス文書の場合は取引先など)の維持には重要な役割を果たす。それに対して、中国語の感謝表現の形式は単一であり、修飾語を用いない場合が多い。

⑥ 日本語ビジネス文書の感謝表現は、文頭挨拶と文末挨拶のような用法が目立ち、それらには相手への配慮と日本企業の習慣が見られる。一方、中国語ビジネス文書ではこのような挨拶の感謝表現がなく、同じ場面で謝意の低い場合が多い。

⑦ 中国語ビジネス文書では「仮定された行為に対する感謝」の例が見られるが、日本語ではこのような場合、「希望の意の表明」など依頼のストラテジーが多用される。

本章の調査でビジネス文書における感謝表現をある程度把握した。次章はビジネス文書の実例を取上げ、本章との比較研究を試みる。

(注)

(注1)　茗荷(2017)　p 94

第二章　企業ウェブサイトにおける感謝表現
―銀行ホームページを中心に―

1　はじめに

　感謝表現は日常生活でよく使われる表現の一つであり、人間関係の維持などの役割を持つ。ビジネス場面でも多用され、会社間の付き合い、上下関係の維持、企業イメージと企業文化の中で重要な役割を果している。とくに企業文書の中の言葉遣いは企業文化・習慣を反映し、会社の社会的イメージにもつながっている点から、言語研究の重要なテーマであると考えられる。ところが、ビジネス日本語資料の実物入手困難である。これについて諸星（2014）は

　　ビジネス日本語の語法・語彙を分析する資料は、談話・文書ともに、現実のものは個人情報や企業秘密の問題があるため、多くの場合、研究資料としての利用が困難である。特に、企業における会議・商談・営業などの経済活動の録音・撮影することは困難である。文書も、企業内部の社内文書など、部外者の閲覧が困難なものが多い。(3、4頁)

と述べている。
　市販されているビジネス文書文例集はある程度企業の言葉遣いを反映しているが、あくまでも編集者の経験や企業の文書の実例を参考にして作った架空の文例なので、実物とは言えない。
　近年、インターネットの発展に伴って様々な企業が公式ウェブサイトを設置し、伝統的な紙媒体の文書から電子化に進んでいる。言語研究する際に如何にこれらの資源を利用し、より実証的な分析を行うのかにつ

いても新たな課題となっている。企業ウェブサイトについて諸星 (2014) は更に、

> 現実の企業の経済活動の一環として作成されて Web 上に公開されている公式ウェブサイトは、消費者・投資家・同業者などの幅広い不特定多数の閲覧者を想定しており、ビジネス文書の分類のうちの社外文書に相当するといえる。ことに企業によっては自社のサイト内に限定した検索機能を備えたサイトがあり、それらはビジネス言語研究の資料として有益であると考えられる。(4頁)

と述べている。

本章では書き言葉の感謝表現に注目し、企業ウェブサイトから感謝表現の例文を集め、その使用傾向と特徴を分析し、考察を加えたい。

2　調査方法と調査対象

2.1　例文収集の方法と基準

例文収集の方法は企業ウェブサイトのサイト内検索機能を使い、キーワード検索により例文を集める。感謝表現は多種の形式を持つため、検索キーワードを特定するのが困難である。一定の基準で感謝表現を分類し、検索キーワードを決めるのが重要な課題である。企業が自社のウェブサイト上に公開する内容がビジネス文書に相当すると考えられるところから、本章ではこれらを調査資料とする研究で、前章の「ビジネス文書における感謝表現」に出現した感謝の定型表現の「ありがとうございます」「お礼申し上げます」「感謝致します」から「ありがとう」「お礼」「感謝」を検索キーワード(注1)とし、調査を行う。

2.2　日本の銀行ホームページについて

本章の調査対象は日本の銀行のホームページとする。基本的に外国企業の日本語ウェブサイトを使わず、日本本土のメガバンクを対象にし、各ホー

ムページから例文を集め、そこに出現する感謝表現の全体像を把握することを目標とする。

　銀行の公式ウェブサイトを選定した理由は以下の通りである。①銀行の公式ウェブサイトは一般の顧客、株主・投資家や関連会社など幅広い閲覧者を想定している。②銀行はホームページ上のお知らせや案内など以外に、株主・投資家を対象とした調査・報告書も掲載しているため、文書のバラエティが見られる。③銀行の文書の言葉遣いは正確性と厳密性が求められる上、ビジネス文書に相当するものが多いと考えられる。

　企業ウェブサイトから用例を集める際に、サイトの規模やシステムの構成によって大きく結果が変化する場合がある。なるべく同じレベルのサイトを選べば、横の比較もできる利点がある。そこで、本章は日本の三大メガバンクと言われているみずほ銀行、三井住友銀行、三菱東京UFJ銀行を取り上げ、各公式ウェブサイトの基本情報を以下のように示す。

表1　日本の銀行ホームページの基本情報（2016年12月29日時点）

銀行名	検索ジャンル	ホームページ
みずほ銀行	個人のお客さま、法人のお客さま、みずほ銀行ダイレクト、宝くじ	http://www.mizuhobank.co.jp
三井住友銀行	個人のお客さま、法人のお客さま、株主・投資家の皆さま、採用情報、ニュースリリース、三井住友銀行について	http://www.smbc.co.jp/
三菱東京UFJ銀行	なし	http://www.bk.mufg.jp/

3　企業ウェブサイトにおける感謝表現の使用状況

3.1　研究対象の基準

ウェブサイトのサイト内検索エンジンより検索した結果は文例集のように整理されているわけではなく、文章の種類や内容に乱れが生じる場合がある。そのため、研究対象の基準を以下のように示す。

研究対象：ビジネス文書、業績報告書、研究報告書、ホームページのお知らせ・ご案内など。

研究対象外とする検索結果：

① イベント・キャンペーン・文学作品のタイトル、キャッチコピーなど
② 感謝状・感謝祭のような固有名詞
③ 他のウェブサイトからの引用
④ 第三者の言葉の引用、インタビュー類

3.2　各ウェブサイトにおける検索結果

前述の「研究対象外の検索結果」から該当するものを除き、検索結果を次ページの表2のように示す。

表1から見ると、漢字表記の「有難う」を合わせて「ありがとう」の用例数は475例で全体の90.3％を占め、他を圧倒している。次に「お礼(御礼)」37例、7％、「感謝」、14例、2.7％の順となる。

3.3　各キーワードによる感謝表現の使用状況

筆者による本章の調査では、銀行ホームページで感謝の定型表現の使用を確認した文書の種類は大きく3つに分けられる。それぞれ①報告書・レポート類、②お知らせ・案内類、③会社情報・会社イベント類である。以下、各分類の例を銀行ごとに取り上げ、分析して考察を加える。

表2　各銀行公式ウェブサイトにおける感謝表現の出現数（2016年12月29日時点）

キーワード 銀行名	ありがとう	有難う	感謝	お礼	御礼	計
みずほ銀行	335	0	8	9	7	359
三井住友銀行	112	1	4	1	6	124
三菱東京UFJ銀行	25	2	2	3	11	43
計	472	3	14	13	24	526

3.3.1　ありがとう（有難う）

　本章で調査した3つのウェブサイトにおいて最も使われている感謝の定型表現は「ありがとう(有難う)」である。話し言葉にも多用される表現であるが、ウェブサイトにおいては使用状況にばらつきが見られる。

みずほ銀行

　みずほ銀行ホームページにおける「ありがとう(有難う)」の用法は主に報告書・レポート類の本文冒頭に出現する以下のような例である。

(1)　平素より格別のご高配を賜りまして誠にありがとうございます。
財政部、国家税務総局は、2014年12月25日付で『企業再編促進に関連する企業所得税処理問題に関する通達』(財税[2014]109号、以下『109号通達』という)を公布しました。(みずほ銀行 「みずほ中国ビジネス・エクスプレス　財政部・国家税務総局、特殊性税務処理の適用条件を一部緩和 買収持分・資産の比率条件を引き下げ」

http://www.mizuhobank.co.jp/corporate/world/info/cndb/express/pdf/R419-0366-XF-0102.pdf)

例(1)は株主・投資家を対象にした金融政策、経済情報・状況を紹介する「みずほ中国 ビジネス・エクスプレス」という報告書からの例である。報告書の本文の冒頭で株主・投資家に感謝の意を表し、「日頃からお世話になっている」という姿勢を示している。ところが、表現形式を見ると、単一性が目立つことが分かる。みずほ銀行のホームページすべての335例の中で、293例は「みずほ中国 ビジネス・エクスプレス」シリーズからの例で、表現形式もすべて「平素より格別のご高配を賜りまして誠にありがとうございます」である。みずほ銀行が株主・投資家などの顧客に対する配慮を示しているが、むしろ文書冒頭の挨拶として統一されている。ビジネス文書文例集や他の企業文書の中でも同じ用法が多く見られる。

(2) 写真展は終了いたしました。たくさんの方々にお越しいただき、温かいご意見・ご感想をお寄せいただきまして、誠にありがとうございました。(みずほ銀行 『東日本大震災 花の力、人の心』写真展」http://www.mizuhobank.co.jp/company/activity/photo/index.html)

(3) 株式会社みずほ銀行のウェブサイトをご覧いただき、誠にありがとうございます。下記日程でシステムの定期メンテナンスを実施いたします。(みずほ銀行 「2016年度定期システムメンテナンスにともなう、一部サービス停止のお知らせ」http://www.mizuhobank.co.jp/saving/fund/smartfolio_maintenance.html)

例(2)は会社イベントの参加者に感謝、例(3)はホームページのメンテナンスのお知らせに見られる感謝表現である。例(2)は例(1)の「挨拶」と異なって会社情報やイベントに関する内容であるため、相手の来場、応募や参加などの行為を想定し、感謝の姿勢を示している。例(3)はお知らせ・案内のページで、顧客に「日頃から受けている恩恵」に対する感謝である。

このような例は三社とも多く見られる。ホームページ上における顧客に対する対人的配慮と言えよう。

三井住友銀行

三井住友銀行ホームページにおける「ありがとう(有難う)」の用例には次のような用法が目立っている。

(4) 平成17年10月に発生したパキスタン地震で被害を受けた方々のために振込手数料無料の義援金口座を開設し、平成17年10月13日より平成18年9月29日まで募金を受け付けました。この結果、お客さまより112,474,864円のご寄付をいただきました。ご協力あり<u>がとうございました。</u>(三井住友銀行 「2006年度活動報告一覧」
http://www.smbc.co.jp/aboutus/responsibility/report/backnumber/summary/h18.html)

「例(4)」会社イベントとしての募金活動で寄付金を出した支援者に対する感謝である。文書のタイトルとして一回出現し、本文の中にもう一度感謝の言葉を使用するのが特徴である。三井住友銀行のホームページでは、2005-2011年の年度活動報告の中の募金活動に関する文書に(4)と全く同じ感謝表現の使用を確認した。全38例である。他に

(5) このたびは、「三井住友銀行＆キッザニア第4回こどもイラストコンクール」にご応募いただきまして、<u>ありがとうございました。</u>(三井住友銀行 「eco japan cup 2010 ◇ キッズエコアート 三井住友銀行＆キッザニア第4回こどもイラストコンクール ぼくとわたしの「エコな未来」入賞・入選作品発表！」
http://www.smbc.co.jp/kodomo/)

のようなイベント応募への感謝や、

(6) 日頃より『通貨選択型エマージング・ボンド・ファンド』をご愛顧賜り<u>誠にありがとうございます。</u>当レポートでは米国利上げ後のエマージング債券市場の見通しと今後の方針についてご説明します。(三

井住友銀行 「通貨選択型エマージング・ボンド・ファンド」
http://www.smbc.co.jp/kojin/toushin/report/pdf/
223380201512251718 0332.pdf)

のような例(1)と類似する文書冒頭挨拶が見られる。例(6)のような報告書・レポート類のページはウェブで公開する物であり、定期的に追加する場合が多い。古い報告書・レポートの文書が保存版として企業ウェブサイトに存在し、検索できる状態になっている。ところが例(5)のようなイベントのページは更新によって消滅していく可能性が高いので、その中の感謝表現が消えたり、違う表現形式に変わる可能性もある。

以上の用法の他に、顧客に対するメール形式の例も見られる。

(7) いつも三井住友銀行をご利用いただきありがとうございます。本メールはSMBCダイレクトをご契約のお客さま宛に配信しております。重要なご連絡のため、「商品・キャンペーン等のご案内」を希望されないお客さまにも配信しております。(三井住友銀行 「当行を装った不審な電子メールについての注意喚起の電子メールを配信しています。」
http://www.smbc.co.jp/security/edm24_04.html)

三菱東京UFJ銀行

三菱東京UFJ銀行ホームページの「ありがとう(有難う)」の例は他二社より少ないが、特徴的な用法として挙げられるのは

(8) 平素より三菱東京UFJ銀行をお引き立て賜り、洵にありがとうございます。年頭にあたり、ひとことご挨拶申し上げます。(三菱東京UFJ銀行 「三菱東京ＵＦＪ銀行国際業務部〔年頭ご挨拶〕」
http://www.bk.mufg.jp/report/inschiweek/415010701.pdf)

(9) 平素より三菱東京UFJ銀行をお引き立て賜り、洵にありがとうございます。年頭にあたり、ひとことご挨拶申し上げます。(三菱東京UFJ銀行 「JANUARY 6TH 2016〔年頭ご挨拶〕」

http://www.bk.mufg.jp/report/inschiweek/416010601.pdf)
のような年頭のご挨拶に伴う顧客に対する「いつもありがとう」の意を表す感謝表現である。更に、修飾語として「洵に」を使うのもこの2例しかない。この2例は報告書・レポート類に使用されているが、三菱東京UFJ銀行の他の報告書・レポート類ではよりあらたまった表現の「感謝」「お礼」を使用すると思われる。

3.3.2 感謝

「感謝」は「ありがとう(有難う)」よりやや書き言葉的な表現であり、サ変動詞、名詞として使うのが一般的である。本章調査した銀行公式ウェブサイトで14例しか見られないが、特徴的な用法はいくつか挙げられる。

みずほ銀行

みずほ銀行ホームページにおける「感謝」の使用はすべてお知らせ・案内類の文書に見られる。名詞としての使用は以下の1例である。

(10) 営業店ロビー・窓口では、お客さまに対する<u>感謝の気持ち</u>を形に表してお伝えすることを意識した応対を目指しています。(みずほ銀行 「お客さまの声を踏まえた取り組み」
http://www.mizuhobank.co.jp/company/activity/cs/case.html)

例(10)は顧客に対して「感謝の気持」を表し、会社の姿勢と態度を顧客に伝えている。

他に会社の発足、業務提携10週年などの荘厳な内容の文書で、

(11) 株式会社みずほ銀行と株式会社みずほコーポレート銀行は、本日、合併し「株式会社みずほ銀行」として、新たな一歩を踏み出しました。これまで、オンラインサービスの一時休止等、一部お取引の制約により、お客さまに大変ご不便をおかけいたしましたが、皆さまからのご支援、ご協力のもと、合併作業を執り行えましたことに、<u>深く感謝申しあげます。</u> (みずほ銀行 「株式会社みずほ銀行の発足にあたって」

> http://www.mizuhobank.co.jp/release/2013/pdf/news130701.pdf)

(12) 業務提携 10 周年を迎え、これまで支えてくださったお客さまに改めて感謝申しあげるとともに、今後もさらに力を入れてお客さまの事業活動をサポートしてまいりますので、どうぞよろしくお願いいたします。(みずほ銀行 「みずほ海外ニュース」

> http://www.mizuhobank.co.jp/corporate/world/info/globalnews/backnumber/pdf/global1405-06_07.pdf)

のように「感謝」の使用が見られる。特に例 (11) はみずほ銀行の合併による発足を告知する内容のビジネス文書なので、みずほ銀行合併後の最初の文書であると言える。合併前の両者の習慣をそのまま踏襲することも考えられるが、また新たな言葉遣いの基準を作る可能性がある。特に感謝表現は会社の習慣によって使用傾向が全く異なる場合があり、会社文化の時代的変遷や習慣の継承も考慮に入れるべきであろう。

三井住友銀行

三井住友銀行ホームページにおける感謝の使用はわずか 4 例であるが、その中の 2 例は、

(13) この 2013 年 3 月の発行をもって 100 号を迎えることとなりました。これもひとえに、読者の方々をはじめとする、関係いただいたすべての皆さまのご支援のたまものと感謝申し上げます。(三井住友銀行 「SAFE EYE」

> http://www.smbc.co.jp/hojin/eco/ecocolumn/safeeye/detail27.html)

(14) これまでのご愛読とご寄稿いただいたお客様に対し、心から感謝申し上げます。(三井住友銀行 「SMBC News Letter」

> http://www.smbc.co.jp/hojin/businessassist/carbon/resources/pdf/11_may_vol39.pdf)

例 (13)、(14) の 2 例とも企業誌における編集者から読者に対する感謝

表現である。編集者の個人的な習慣である可能性がある。

　他の2例は特殊な例と考えられる。

(15)　2月9日、本店ビル3階大ホールにおいて、日本赤十字社による団体献血を開催しました。献血者減少時期の冬場ということもあり、日本赤十字社より、大変感謝いただきました。昨年を上回る、350名超の従業員が参加しました。(三井住友銀行　「2010年度活動報告一覧」　http://www.smbc.co.jp/aboutus/responsibility/report/backnumber/summary/h22.html)

(16)　2月は気候の影響で、全国的に血液在庫が不足する時期ということもあり、日本赤十字社から大変感謝されました。(三井住友銀行「2013年度活動報告一覧」

　http://www.smbc.co.jp/aboutus/responsibility/report/backnumber/summary/h25.html)

　例(15)、(16)では団体献血という会社の活動で他者から受けた感謝を述べている。他者の言葉を直接に引用するのではなく、「感謝いただきました」、「感謝された」などで他者から感謝を受けたという事実関係を叙述するのは報告であるためと考えられる。

三菱東京UFJ銀行

　三菱東京UFJ銀行ホームページにおける「感謝」はわずかに以下の2例が見られる。

(17)　東日本大震災に際して、日本が世界中から受けてきた支援に対する感謝の気持ちを世界の人々に伝える機会として、この取り組みを「MUFG Gives Back」と名付け、活動を展開しており、今年の11月東京では以下の内容で国際貢献イベントを開催します。(三菱東京UFJ銀行　「東京駅から徒歩約1分！KITTE（キッテ）にてCSRイベント開催します！」

　http://www.bk.mufg.jp/info/givesback_201511/)

(18) 2006年の創刊から今日まで、ご愛読いただきました多くの皆さまに、深く感謝申し上げます。なお、「partner」（年4回発行）は引き続き発行いたします。(三菱東京UFJ銀行 「ゴールドカード会員誌別冊「Comfo」休刊のお知らせ」
　　http://www.bk.mufg.jp/tsukau/credit/news/info_11080501.html)

　例(17)の「感謝の気持ち」は会社イベント開催の契機として使われている。例(18)は例(13)、(14)と類似する読者に対する感謝表現である。

3.3.3　お礼（御礼）

　「お礼(御礼)」は三語の中で最もあらたまった表現であり、ビジネス文書においても多く見られる。さらに、本章の調査では、漢字表記の「御礼」は「お礼」より多いことから、丁寧度の違いや会社それぞれの習慣が見られる。形式として「お礼(御礼)申し上げます」が一般的で、修飾語は「厚く」「深く」「心より(から)」などが挙げられる。

みずほ銀行

　みずほ銀行ホームページにおける「お礼(御礼)」の例は主にお知らせ・案内類の文書に出現する。以下のような用例が見られる。

(19) 「みずほマイレージクラブ会員さま専用ホームページ」は、新サービス「マイページ」への移行を行い、2016年11月18日をもちまして終了いたしました。お客さまには長らくご愛顧を賜り、深く御礼申しあげます。(みずほ銀行 「みずほ銀行：つかってべんり！知って楽しい♪マイページ」
　　http://www.mizuhobank.co.jp/oshirase/mypage.html)

(20)　私どもは、平成10年3月および平成11年3月に、総額2兆9,490億円の公的資金によるご支援をいただき、以降8年余りの長きに亘り公的資金に支えていただいたことで、経営の健全化につとめることができました。みなさまのご理解とご支援に対しまして、心より、厚

く御礼申しあげます。　(みずほ銀行　「公的資金の完済に関するお知らせ（旧みずほコーポレート銀行のお客さま）」
http://www.mizuhobank.co.jp/company/release/cb/20060704.html)

また、報告書・レポート類の文書には、

(21)　本調査のために貴重な時間をいただいた方々に、この場を借りて改めて御礼申し上げたい。(みずほ銀行　「みずほ産業調査」
http://www.mizuhobank.co.jp/corporate/bizinfo/industry/sangyou/pdf/1051_all.pdf)

のような例が見られる。例(21)は報告書において作者から協力者に対する感謝表現であり、「謝辞」に相当するものであると言えよう。文書の全文は敬語を用いず、常体で統一されているため、ここの「お礼」の感謝表現も常体で、本章の調査ではこの1例しか見られない。

三井住友銀行

　三井住友銀行ホームページにおける「お礼(御礼)」の用例はわずか7例である。とくに目立つ例はないが、表記は漢字の「御礼」を使用する例が6例で「お礼」の用例数を圧倒している。(例(22)、例(23))。例文を以下に示す。

(22)　平素は「ジャパン・ソブリン・オープン（資産成長型）愛称：ジャパソブN」および「ジャパン・ソブリン・オープン」をご愛顧賜り、厚く御礼申しあげます。(三井住友銀行　「ジャパン・ソブリン・オープン（資産成長型）愛称：ジャパソブN」
http://www.smbc.co.jp/kojin/toushin/report/pdf/1130302016030321232333.pdf)

(23)　貴社益々ご隆盛のこととお慶び申し上げます。平素は格別のお引き立て賜り、厚く御礼申しあげます。(三井住友銀行　「「中国セミナー」開催のご案内」

http://www.smbc.co.jp/hojin/international/resources/pdf/CM200609_19.pdf)

三菱東京 UFJ 銀行

　三菱東京 UFJ 銀行ホームページにおける「お礼(御礼)」の用例はすべてお知らせ・案内類の文書に出現する。以下のような用例が見られる。

(24)　拝啓　平素は格別のご高配を賜り、厚く御礼申しあげます。

　さて、カードローン「バンクイック」のテレビ窓口からのお申し込み・ご契約・カードのお受け取りは、システム障害により、平成25年3月25日（月）の9時00分より業務を停止しておりましたが、現在は復旧し、同日12時40分より業務を再開いたしましたので、お知らせいたします。(三菱東京 UFJ 銀行　「カードローン「バンクイック」テレビ窓口業務再開のお知らせ」

　http://www.bk.mufg.jp/info/20130325_tvmadoguchi.html)

(25)　平素は投資信託の取引にあたり、私ども三菱東京ＵＦＪ銀行をお引き立て賜り、厚く御礼申しあげます。(三菱東京 UFJ 銀行　「投資信託の「償還乗換優遇制度」廃止に関するご案内」

　http://www.bk.mufg.jp/tameru/toushin/pdf/info_20160715.pdf)

3.3.4　漢字表記について

　本章で調査した3つの感謝表現はキーワードによって調査を行ったが、各サイトシステム上の違いで入力するキーワードの表記が異なる場合もある。具体的には、みずほ銀行のホームページで「ありがとう」、「お礼」で検索すると漢字表記の「有難う」「御礼」も同時に表示されるが、他二社のホームページではそれぞれの漢字表記で検索しなければならない。「ありがとう」は「有り難う」の表記で出現する場合もあるが、本章の調査では該当する例はなかった。なお、表1で示したとおり、「お礼」より、漢字表記の「御礼」は三井住友銀行と三菱東京 UFJ 銀行に好まれるが、み

ずほ銀行のホームページは両方を均等に使っている。

また、調査対象外であるが、三井住友銀行のホームページで他社の報告書も載せており、その部分感謝の定型表現はすべて漢字表記の「御礼」である。用例を以下に示す。

(26) 平素は格別のご高配を賜り、厚く御礼申しあげます。「J-REIT オープン（年4回決算型）／（毎月決算型）」※の 2015 年 1 月 23 日決算の分配金についてご案内いたします。(野村アセットマネジメント株式会社 「「J-REIT オープン（年4回決算型）／（毎月決算型）」の 2015 年 1 月 23 日決算の分配金のお知らせ」
http://www.smbc.co.jp/kojin/toushin/report/pdf/0130302015012615551032.pdf)

(27) 平素は、弊社の投資信託に格別の御高配を賜り、厚く御礼申しあげます。
さて、弊社が運用しております「エマージング・ハイ・イールド・ボンド・ファンド・円コース／・資源国3通貨コース／・ブラジルレアルコース」は、2016 年 5 月 20 日に決算を行ないました。(日興アセットマネジメント株式会社　「「エマージング・ハイ・イールド・ボンド・ファンド」2016 年 5 月決算のお知らせ」
http://www.smbc.co.jp/kojin/toushin/report/pdf/0231402016052310372532.pdf)

「有難う（有り難う）」「御礼」などの漢字表記の使用は希少である。会社それぞれの企業文化と習慣にもつながっていると考えられる。

3.3.5　文書の分類と各サイトの使用傾向について

前述のとおり、銀行ホームページにおいて感謝の定型表現を使用している文書の種類は大きく①報告書・レポート類、②お知らせ・案内類、③会社情報・会社イベントに分類できる。

次ページ表3から見ると、みずほ銀行は「みずほ中国 ビジネス・エク

表3 文書種類別各検索キーワードの使用状況

		ありがとう	有難う	感謝	お礼	御礼
みずほ	お知らせ・案内	40	0	7	9	5
	報告書	294	0	0	0	1
	会社情報・イベント	1	0	1	0	1
三井	お知らせ・案内	49	1	0	1	2
	報告書	23	0	0	0	4
	会社情報・イベント	40	0	4	0	0
三菱	お知らせ・案内	21	2	2	3	11
	報告書	2	0	0	0	0
	会社情報・イベント	2	0	0	0	0

スプレス」シリーズに293例の「ありがとう」があるため、報告書類のほぼ全部を占めている。三社とも報告書類において「ありがとう」と漢字表記の「御礼」しか使われていない。お知らせ・案内類において三菱東京UFJ銀行はすべての形式を使うのに対して、みずほ銀行と三井住友銀行は4形式を使用することが分かる。この分類の感謝表現のバラエティが見られるのに対し、会社情報・イベント類の形式はより単一性が見られる。とくに三井住友銀行の会社情報・イベントの例数は多いが、例(4)のような「年度活動報告」で毎年同じような感謝表現を使うという習慣がある。

4　中国の企業ウェブサイトにおける感謝表現について
　　―対照研究の試み―

　ここまでは、日本の銀行ホームページにおける感謝表現の使用実態について考察した。本節では中国のメガバンクのホームページを利用し、日中対照研究の可能性と実践について論述する。前章で述べたように、中国のビジネス文書は日本との相違がかなり大きく、法的文書が大半を占める他、社外・社交類の文書の数と種類が少ない。そのため、社外文書に該当する企業ウェブサイトにおける公式の文書を利用することは、感謝表現の対照研究に有益であろう。

　調査対象は日本の銀行ホームページと対照するため、中国本土の大手銀行とする。日本の3大メガバンクのように、中国では「四大銀行」と呼ばれているもっとも規模の大きな銀行が存在している。具体的には、中国建設銀行、中国銀行、中国工商銀行、中国農業銀行のことを指す。いずれも国有銀行であり、全国規模の金融機関で、幅広いジャンルの業務を扱っている。それぞれのホームページにはサイト内検索機能を備えている。そこで、検索機能を用いて中国語の感謝表現の用例を検索し、前掲の日本の銀行ホームページにおける感謝表現との対照を試みる。

　日中の銀行ホームページにおける文書の内容と種類については、それぞれ国の事情によってウェブサイトの公開範囲や扱う内容の相違が考えられる。そのため、まずは各ホームページで感謝表現全般を検索し、その中からビジネス文書に該当する内容を特定していく。

　検索キーワードは前章の「ビジネス文書における感謝表現」に見られる中国語の感謝表現を参考にして、正式な場面で使われる書き言葉的な荘重感を伴う「感谢」「感激」「谢意」と口語で多用される「谢谢」「多谢」を取り上げる(注2)。

　2018年7月31日時点における各キーワードの検索結果を表4のよう

表4　中国の銀行ホームページにおける感謝表現の出現数(2018年7月31日時点)

銀行＼キーワード	感谢	感激	谢意	谢谢	多谢
中国建設銀行	702	121	26	434	12
中国銀行	3,293	47	35	135	1
中国工商銀行	17,220	118	33	26,600	172
中国農業銀行	172	4	0	6	0

に示す。また、中国語の感謝表現は日本語のような和語・漢語という語種の相違がないため、すべての検索は中国大陸地区で使われる「簡体字」で行う。

　5つの表現の中で、「感谢」は中国工商銀行以外の3銀行で多用する傾向が認められる。中国工商銀行のホームページにおける「谢谢」の用例は最多であるが、ビジネス文書に該当する用例は極めて希少である。中国工商銀行だけではなく、中国銀行、中国建設銀行のホームページでも銀行のお知らせ、報告書などの銀行側の公式の文書以外に、一般の金融ニュースや会議録・スピーチ類、または顧客の問い合わせ・クレーム対応のような内容も多く扱うので、一般会話やスピーチで話し言葉の「谢谢」の用例が多く見られる。それに対し、中国農業銀行では用例数が全体的に少なく、ウェブサイト自体が扱う文書の種類もビジネス文書の「社外文書」に該当するものが多く、会話文で多く使われる「谢谢」の用例は希少である。四銀行の具体的な用例を見ると、ビジネス文書を該当する用例の中で、「谢谢」の使用は希少で、「感谢」の使用が多い傾向が見られる。また、中国工商

銀行のホームページの文書の数も他の三行より多く、企業ウェブサイトそれぞれの規模と特徴によって用例数が大きく変化することが認められる。

中国の銀行ホームページにおける感謝表現の用例のうち、前掲の日本語の用例と類似する用法は文書冒頭の感謝表現が見られる。

※以下の中国語の用例は中国語の「簡体字」で示す。用例後の()内は筆者の訳である。

(28) 您好！非常感谢您一直以来对我行信用卡的支持！鉴于我行与中银消费金　融有限公司关于中银新易贷信用卡的合作即将到期，该信用卡的有效期到期日将变更为2015年5月31日，到期后我行将不再换发新卡。

（こんにちは！いつも弊行クレジットカードをご愛顧いただき、非常に感謝します。…）

（中国銀行　「关于中银新易贷信用卡有效期变更的公告」（中銀新易貸クレジットカードの有効期限についてのお知らせ）

http://www.bankofchina.com/bcservice/bi2/201504/t20150407_4845754.html)

(29) 尊敬的建行客户，感谢您对建设银行房e通的一贯支持和厚爱，值新春佳节之际，使用建行"房e通"，您将获得一份意外惊喜，三重奖励，惊喜不断。欢迎您的积极参与，祝愿您获得丰厚的奖品。

（尊敬なる建設銀行のお客様：いつも建設銀行の「房e通」をご愛顧いただき、ありがとうございます。）

（中国建設銀行　「体验房e通 新春礼相送」（キャンペーン名）

http://ehome.ccb.com/Info/57022334?marker=1)

(28)、(29)はお客様の日頃からの愛顧に対する感謝の挨拶である。日本の文書冒頭の挨拶「いつもありがとうございます」と同じような用法である。ただし、中国語の用例はほとんど「お知らせ」「キャンペーンの案内」「会社イベント」に見られ、「報告書」ではこのような文頭挨拶が見られない。中国の企業文書は日本のビジネス文書のような書簡文からの変遷がな

く、書簡文の前文における感謝の挨拶のような慣用的な用法とは言えない。

「感謝」が文書の冒頭に多用されることに対し、「谢谢」は日本語の「ありがとうございました」のような文末に文書を締めくくる用法が目立つ。

(30) 　上海分行"农行银联标准卡　周末欢乐购"满158立减28活动由于持卡人踊跃参与,本活动所有折扣额度已全部使用完毕。<u>谢谢您的支持！</u>
(…本キャンペーンの割引額度がすべて終了いたしました。ご愛顧ありがとうございました。)
(中国農業銀行　「关于上海分行"农行银联标准卡　周末欢乐购"活动的结束公告」(上海支店「農行銀聯カード週末歓楽購」キャンペーン終了のお知らせ)
http://www.abchina.com/cn/CreditCard/AboutUs/Update/201602/t20160221_833656.html)

(31) 　中银汇市通理财计划第2期产品已于2012年3月19日开放了申购赎回。本产品开放日的产品单位净值为1.0129。赎回资金将于开放日后7个工作日内（即2012年3月28日前）自动返还客户账户。特此公告。<u>谢谢广大客户对我行产品长期以来的支持。</u>
(…以上をもってお知らせいたします。お客様は長きに亘って弊行のサービスをご支持いただき、ありがとうございました。)
(中国銀行　「关于中银汇市通理财计划第2期产品申购赎回的公告」
http://www.bankofchina.com/fimarkets/cs8/bi5/201203/t20120321_1751861.html)

(30)、(31)は(28)、(29)と異なり、顧客への感謝の挨拶が文末に出現する用例である。それに対し、同じような種類の文書で、日本語の文書は一般的に感謝の挨拶を文書の冒頭にし、文末には「今後とも末長くご愛顧を賜りますようお願い申し上げます」のような依頼表現を伴うのが特徴的である。また、「多谢」と「谢谢」は両方とも日常生活で使われるカジュアルな感謝表現であるが、「多谢」はより口語的で、軽い挨拶的な言葉である。ウェブサイトに公開される公式的な文書では「多谢」の用例が見られなかっ

た。本章で調査した「多谢」の用例はほとんど問い合わせ・クレーム対応など会話文の用例である。

　また、「感谢」が文末に出現する例としては、

(32)　我行将于 2012 年 7 月 29 日（周日）凌晨 0:00 至 4:00 进行系统升级。
　系统升级期间，将暂停龙卡信用卡取现、消费、查询、预授权及 IC 卡圈存业务。
　系统升级期间，如给您带来不便，敬请谅解！对您长期以来给予我行的大力支持和积极配合<u>表示</u>衷心的<u>感谢</u>！
　（…長きに亘る弊行への大いなるご支援とご協力、衷心より感謝致します。）
　（中国建設銀行　「系统升级公告」(システムメンテナンスのお知らせ)
　<u>http://creditcard.ccb.com/cn/creditcard/news/detail/</u>
　<u>20120725_1343207198.html</u>)

のような例が見られる。「感谢」の用例は、「衷心的」（衷心より）、「非常」（非常に）などの修飾語を伴い、「谢谢」より敬意度の高いバリエーションが見られる。

　用例数の多い「感谢」と「谢谢」以外に、「感激」「谢意」「多谢」の中、「感激」「多谢」は公式の文書における用例が見られない。「谢意」は日本語の「感謝の意を表します」と類似する用法で、以下の用例通り、「感謝状」のような感謝の度合いの高い文書で用いられる。

(33)　2004-2005 年中国建设银行债券第 1 期已于 7 月 22 日成功完成了簿记建档工作，投资者认购踊跃。为进一步满足广大投资者的认购需求，我行决定将本期债券的实际发行额增加至 150 亿元。
　本期建行债券的良好市场反响离不开承销团成员的辛勤工作和广大投资者的大力支持。在此，中国建设银行向承销团成员和广大投资者表示<u>最诚挚的谢意</u>！
　（…ここで、中国建設銀行は承銷団（日本の委託販売に相当する）のメンバーと投資者の方々へ最も真摯なる謝意を表します。）

(中国建设銀行　「致谢信」(感謝状)
http://group1.ccb.com/cn/ccbtoday/newsv3/560824940100.html)

また、「感激」はニュース・スピーチの中で地の文に出現する「満怀感激」(感激の心をもって)のような叙述的な用法で、公式の文書では用例は見られなかった。

以上、中国の銀行ホームページにおける感謝表現を考察してみた。ビジネス文書の対照研究はまだまだ未開拓領域で、研究する際には様々な問題点が挙げられる。前章ですでに述べたように、日中のビジネス文書の編纂上の相違が大きいことは、企業ウェブサイトにも見られる現象である。中国の銀行ホームページでは、ビジネス文書に該当しない内容が多数で、研究資料としては多少扱いにくいと言えよう。

5　まとめ

感謝の定型表現「ありがとう(有難う)」「感謝」「お礼(御礼)」は社外文書に相当する企業ウェブサイトには多く使われている。とくに「ありがとう(有難う)」の文書冒頭挨拶としての機能を果たし、多くの報告書やお知らせ・案内の文書に例文が見られる。「感謝」の例文数は少ないが、サ変動詞と名詞として使われており、「他者から感謝を受ける」の使用が目立つ。

漢字表記の「御礼」は「お礼」より多く見られ、お知らせ・案内類の文書で多用されるのが特徴的である。

また、中国の銀行ホームページにおける感謝表現の使用傾向と特徴について、公式の社外文書、お知らせ・案内類の文書は「感謝」の使用が多数で、ある程度ビジネス文書におけるあらたまった表現の一つであると言えよう。「谢谢」は文末に文書を締めくくる機能を果たす用例が特徴的である。

また、中国の銀行ホームページにおける各種報告書では、日本の銀行ホームページのような文頭挨拶の感謝表現が見られない。

(注)

(注1)：感謝の気持を表す表現には「サンキュー」のような外来語も含まれるが、本章の調査対象は企業文書であるので、あらたまった場合で使われる「ありがとう」「感謝」「お礼」をキーワードとする。
(注2)：口語的な感謝表現「谢了」などは、各銀行のウェブサイトの検索機能によって用例を特定できないことがあり、調査対象外とする。

第三章　ビジネス会話における感謝表現の対照研究
　　　　―日中経済小説を中心に―

1　はじめに

　日常会話の中で、感謝表現はあいさつや相手の恩恵・好意に対するお返しの言葉として多く使われている。ビジネス活動に伴う会話場面では、日常会話より改まった表現が見られる他、上下・親疎関係による待遇表現の使い分けが見られる。

　ビジネス日本語資料の実物はなかなか入手困難で、ビジネス会話の教科書だけで実際のビジネス日本語に触れられるとは言えない。そこで、それに準ずる資料として、自然なビジネス会話を反映させて創作されたと考えられる経済小説に注目する。経済小説は銀行、証券などの金融機関、会社組織などを舞台とし、実際のビジネス会話場面を描写する架空の作品である。ビジネス日本語の学習者にとって、経済小説は日本語の語彙・語法、ビジネス敬語、ビジネスマナー・商習慣などを学ぶ適切な教材であり、ビジネス日本語の貴重な研究資料である。本章は経済小説に出現する感謝表現の使用状況をまとめ、中国語の経済小説と対照研究しながら、ビジネス会話における感謝表現の全体像を把握する。

2　感謝表現の分類と調査対象について

2.1　感謝表現及び経済小説に関する先行研究
　従来の感謝表現に関する対照研究は、発話行為としての分析が一般的で、

日常会話或いは録音資料を資料としての研究が多い。

　ビジネス日本語教材としての経済小説について、諸星 (2013) はその場面の多様性、経済用語の解説などの文化面と、ビジネス敬語、多彩な語法の形式のような言語面から経済小説の研究分野について概観している。また、経済小説についての研究はこれまで経済学者・経済評論家を中心になされてきたが、具体的な語法形式・表現に触れた先行研究が極めて少ないのが現状で、日中経済小説の対照研究もほとんど未開拓である。

　架空の会話場面を資料とした日中対照研究としては李 (2014) が挙げられる。李 (2014) は日中テレビドラマを資料として、感謝の言語行動について研究をしている。しかし、職場の会話と日常会話は大きく異る場合が想定されるし、特に上下関係の厳しい日本語の職場では言葉使いの正確さと慎重さが更に目立っている。

　小説における感謝表現について、甲斐 (1994) は80年代〜90年代初期の企業小説6冊を資料とし、感謝表現の使用実態について考察している。「ありがとう」の意味を中心とし、あいさつとしての感謝表現の各用例を「客観型」、「主観型」、「喜悦型」、「恐縮型」と位置づけている。「感謝を申し上げます」「礼を言います」など客観的、解説的な表現の多いことが企業小説の特徴であると指摘しているが、上下・親疎による待遇表現の使い分けについてあまり言及していない。

　第一章で明らかにしたように、日本語ビジネス文書における感謝表現の形式と修飾語は豊富であり、とくに「お礼申し上げます」「感謝しております」などの定型表現は書き言葉では多く見られる。一方、中国語のビジネス文書では、感謝表現の形式が少ない上に、「谢谢」「多谢」の感謝表現は話し言葉でも多用されている。日本語ビジネス文書における感謝表現には「文頭挨拶」「文末挨拶」のような特徴的な用法が目立ち、それらには相手への配慮と日本企業の習慣が見られる。ビジネス会話における感謝表現とビジネス文書における感謝表現の相違、また待遇表現の異同を究明するのも本章の研究目的である。

2.2 日中経済小説の特徴と現状

　日本の経済小説は長い歴史を有している。20世紀中葉、城山三郎は『総会屋錦城』(単行本1959年)などの作品を発表し、経済小説は新しい分野として世間に広がり始めている。城山三郎は経済小説の開拓者であり、彼の名を冠するダイヤモンド社(注1)が主催する「城山三郎経済小説大賞」は経済小説界の有数の大賞である。21世紀には、池井戸潤、江上剛などの新鋭作家が頭角を現し、様々な業種と題材の経済小説が盛りだくさんになりつつある。

　日本の経済小説の業種と分野は豊富であり、業種別に研究することも可能で、言語研究に適する研究対象と言えよう。

　一方、中国の経済小説は「商戦小説」「職場小説」(または「職場商戦小説」)と呼ばれているのが一般的である。日本の経済小説の長い歴史とその題材の豊富さに対し、中国語の経済小説は近年現れてきた新しい分野であり、市販されている作品の数が少ない。

　市販されている中国の経済小説の中から代表的なものを2シリーズ計4冊を選定し、本章の調査資料とする。その概要を次の節に示す。

2.3 調査資料と調査方法の概要

　調査対象とする経済小説の概要を次ページの表1にまとめておく。

　日本語の調査資料で選んだのは、近年大人気の「半沢直樹シリーズ」で、ドラマ化もされ、多くの日本語学習者に名を知られている。その原作である『オレたちバブル入行組』『オレたち花のバブル組』『ロスジェネの逆襲』『銀翼のイカロス』シリーズ4冊は半沢直樹という銀行員を描く作品で、近年の経済小説の代表作である。

　そして、中国語の調査資料である『輸贏』と『対決』の両方とも中国の四大「職場商戦小説」の一つと呼ばれている。中国の経営/経済小説でベストセラーになり、商戦小説という新しいジャンルの中で有数の傑作である。

表1　調査資料の日中経済小説の概要
※（　）内は単行本の発行年

	作品名	著者	主要場面	作品の特徴
日本語	①『オレたちバブル入行組』(2004)	池井戸潤	不良債権回収	衝突する場面が多い
	②『オレたち花のバブル組』(2008)	池井戸潤	不良債権回収	主人公は常にビジネス敬語で喋っている
	③『ロスジェネの逆襲』(2012)	池井戸潤	企業再生	社内、社外、同僚間の会話場面が豊富である
	④『銀翼のイカロス』(2014)	池井戸潤	企業再生、債権放棄	
中国語	①《輸贏》(2006)	付遥	競争入札、販売	中国最初の経済小説と呼ばれている
	②《輸贏2》(2012)	付遥	競争入札、販売	中国の四大「職場商戦小説」の一つと呼ばれている
				外資企業を描く作品であるが、登場人物のほとんどは中国人である
	③《対決》(2008)	許韜	競争入札、販売	中国の四大「職場商戦小説」の一つと呼ばれている
	④《対決2》(2016)	許韜	競争入札、販売	社内の上司と部下間の会話・同僚間の会話が多い、社外の場面はやや少ない

※日本語の作品は以下日①、日②、日③、日④とする。
※中国語の作品は以下中①、中②、中③、中④とする。

上述の調査資料を選んだ理由は以下の通りである。
1、日本語資料の著者は元銀行員で、ビジネス敬語やマナーに詳しいと考えられる。
2、中①、中②の『输赢』シリーズと中③、中④『対決』シリーズ両方とも作者に長年の販売職と管理職の経験がある。とくに『対決』シリーズは著者の実の経験を描いた作品であり、中国の職場をある程度忠実に反映している作品であると言えよう。
3、日本と中国の経済小説両方とも社外、社内、同僚間の私的会話など豊富なシチュエーションがある。
4、上司→部下、部下→上司のような上下関係によって会話が感謝表現と感謝のストラテジーが変わってくる。日本語資料はシリーズ全四冊に亘り、主人公の肩書の変化によって、ビジネス会話における感謝表現の適用性と様々な機能の変化が見られる。

ビジネス会話と感謝表現の対照研究の資料としての不向きな点
1、小説はドラマチックな展開と人物の個性を重視するため、言語上の誇張が避けられない。
2、感謝表現を地の文で省略することが多い。

　本章はビジネス会話に関する研究であるため、小説の中の地の文の部分を対象外にし、会話の部分のみ研究するのが趣旨である。ところが感謝表現は挨拶・お返しの言葉の形式で出現することが会話中に多いため、小説の地の文で省略することが日中経済小説とも見られる現象である。
　次の節から、日本と中国の経済小説を対象とし、序章で述べた分類によって、ビジネス会話における感謝表現の考察を行う。例文収集の方法は日本と中国の経済小説から感謝表現を例文として抽出し、文法形式と場面分析からそれぞれの使用の状況と傾向を考察する。

3 日本の経済小説における感謝表現

3.1 感謝型表現

　感謝型表現は最も典型的な感謝表現であり、話し手の謝意が明確である。相手に直接に感謝の意を伝えることで、取引先や社内あるいは同僚間などの人間関係がより円滑になるような機能を持っている。日本語の経済小説では、様々な感謝型表現が出現し、多くの場面で異なる機能を果たしている。以下に表現ごとに幾つかの場面を取り上げ、感謝型表現を細かく分析していく。

ありがとう

　本章で調査した日本の経済小説において最も使われている感謝の定型表現は「ありがとう」である。形式からみると、典型的な「ありがとう」「ありがとうございます」「ありがとうございました」と、「ありがとうな」「ありがとうよ」のような終助詞と共起する例が見られる。その他、調査対象の日①の舞台は関西であるため、関西方言の「ありがとうさん」が１例見られる。

(1) 半沢：決算書どうもありがとうございます。ところでちょっとお伺いしたいことがあるんですが、よろしいでしょうか。
　　波野：は、はい。私でわかることでしたら。
　　　　　　　　　　　　（日①　p43　主人公→融資先の課長　社外）
(2) 広重：昨日は二村にご用命をいただきまして、誠にありがとうございます、社長。私ども大至急、対策を検討いたしまして、本日はそのご提案に参った次第でございます
　　瀬名：それはありがとう。
　　　　　　　　　　　　（日③　p105　営業部長→社長　社外）
　上述の二つの場面は、いずれも社外のやり取りの場面である。「先日

という過去の時点で受けた恩恵に対して感謝の意を表すことによって、後に来る依頼や用事がスムーズにできるような機能がある。

用例 (2) では、登場人物の瀬名は社長であり、自分より下位の人に対して敬体を用いず、普通体を使用している。社内の上位者に対する場合は、

(3) 伊佐山：目的のためなら手段を選ばない男です。あの半沢というのは。しかし、今回ばかりは少々調子に乗り過ぎましたねえ。
　　三笠：いろいろありましたが、本当にありがとうございました、副頭取。

（日③　p348　部長→副頭取　社内　辞令）

(4) 三笠：　お声をかけていただきまして、[a]ありがとうございます。
　　中野渡：声をかけたのは、君たちにも言い分があるのかも知れないと思ってね。
　　三笠：　[b]ありがとうございます。

（日③　p397　[a]副頭取→頭取　[b]副頭取→頭取　社内）

のように敬語を伴う形式が用いられている。

本章の調査では、敬体の「ありがとうございます」「ありがとうございました」はすべて社外のやりとりまたは上位に対して用いている。

それに対し、

(5) 中野渡：今回の件はご苦労だった
　　　　　いろいろ面倒なことをやり遂げてくれた、ありがとう。私からひと言、その礼をいいたくてね

（日④　p369　頭取→主人公（次長）　社内）

の場面では、中野渡頭取は仕事を遂げた半沢に対して普通体を用いている。

(6) 貝瀬：ち、ちがう。私としても精一杯、あんた方のことを考えていってるんだ！
　　半沢：それは [a]ありがとうよ。だがな、自分に都合の悪い報告書を提出してきた次長を更送すれば解決すると思うような人間に役員の資格はない。近藤、どうする？

近藤：オレはー

半沢：銀行に戻れというのなら戻るだけさ。いまさらタミヤ電機に居残れといわれても、もう人間関係の修復は難しいからな。というわけだ、貝瀬さん。心遣い [b] ありがとう。

（日② p299 [a] [b] 主人公→貝瀬支店長　社外）

の場面では、半沢は金融庁検査で資料を隠蔽した支店長に対して普通体を使っている。ここの「ありがとうよ」はやや皮肉を込めた表現で、半沢が相手を問い詰めるのような強い場面で敬意を下げている。

(7) 半沢：心配してくれて、ありがとよ。

渡真利：なんとかしろ半沢。ヤバいぞ。

（日① p103　主人公→親しい同僚　同僚間の会話）

(8) 渡真利：開投銀民営化案、閣議決定！

半沢：知っているよ。ありがとな。

（日④ p219　主人公→親しい同僚　同僚間の会話）

他の同僚間の会話では、用例 (7)、(8) は主人公が同期に入行した親しい同僚に対して、普通体の「ありがと」を使っている。「ありがと」は「ありがとう」より敬意は更に低いが、音声上の違いはほとんどなく、実際の会話では区別がつきにくいと思われる。

(9) 竹下：ありがとうさん。

半沢：こちらこそ。

（日① p339　社長→主人公 (課長)　社外　関西方言）

他に、用例 (9) の場面では、登場人物の竹下社長が半沢に対して関西方言の「ありがとうさん」を使用して感謝の意を表している。調査対象の日①の舞台は関西であり、関西の企業の言語状況を描写している可能性もあるが、主として共通語で会話を描く小説におけるビジネス場面ではこのような例はあまり見られないと考えられる。

ありがたく、ありがたい

「ありがたく」、「ありがたい」は感謝の意を表すと同時に、相手へのプラス評価/自分の気持を表出することもできる。経済小説の中での使用は希少であるが、以下のような特徴的な例が見られる。

(10) 湯浅：…あの経営陣の刷新でどんなことが起きるのか、大東京ホテルがどうなるのか、正確に見抜いていたのは君だけだ。だから、他行が引いても、勇猛果敢に支援してくれたと思う。

半沢：お言葉は<u>ありがたく</u>頂戴いたします。でも、そんな大したもんじゃありませんよ。あえていえば、バンガーとしての嗅覚みたいなものです。

(日② p91　主人公→融資先の社長　社外)

(11) 松岡：半沢次長にはいつも情報を頂いている恩がありますから、たまにはお返ししようとおもいまして。

半沢：それは<u>ありがたい</u>。

(日② p334　主人公→記者　社外　返礼)

(10)の場面は半沢が相手の自分に対する褒め言葉の返礼である。相手の善意や厚意に対して感謝しつつ、ありがたいことであると表明し、相手の好意を受け取る表現である。(11)の場面は、登場人物の松岡記者は情報を提供した半沢に対し、直接に感謝表現を使わず、恩を返そうという姿勢から、半沢はお返しの言葉として「ありがたい」を使用し、相手の好意を受け取り、心的態度を表している。

(12) 瀬名：その業務提携の件なんですが、どのようなことをお考えでしょうか。もし、具体的なプランがあれば即座に検討に入りたいと思います。

郷田：それは<u>ありがたい</u>。詳細に後日まとめてお願いするつもりでおります…

(日③ p145　社長→社長　社外)

また、(10)は敬体を使用するのに対し、(11)と(12)は普通体を使用し

ている。「ありがたく / ありがたい」は直接的に感謝の意を表すより、話し手の心的態度を表明し、相手の行為を評価するような「ありがとう」の原意に近い用法である。

　「ありがとう」と「ありがたく / ありがたい」の出現場面からみると、社外場面、社内場面、同僚や親友間の会話など様々な場面で出現し、表現も豊富でバラエティが見られる。

感謝する

　上述の「ありがとう」と「ありがたく / ありがたい」と異なり、感謝型表現の「感謝する」の出現場面はかなり限定されている。

(13) 平山：東京スパイラルの事業内容については、私たちなりにリサーチは済ませました。この買収が実現すれば、弊社は一段と飛躍できるはずです。ぜひ御社にアドバイザーになっていただき、この買収戦略を成功させたい。

　　諸田：いやあ、いいお話を頂戴し、感謝しますよ、社長。

　　　　　　　　　　　　（日③　p13　次長→取引先の社長　社外）

(14) 東田：そや、会社設立の目処がたって、取引銀行が決まったらそっちに移しますわ。まさか、わざわざ東京の外資系証券会社にそれだけの金額を預けてるとは、債権者の誰一人思わんやろ。ほんと、ええアドバイスをくれたな、浅野さん、感謝、感謝や。

　　　　　　　　　（日①　p270　取引先の社長→支店長　社外　関西方言）

(15) 渡真利：えー、私は、父の会社を救ってくれた銀行に感謝しています。そして、いつか自分の手で銀行という組織を動かし、社会に貢献してー

　　半沢：うるせえんだよ、渡真利。

　　　　　　　　　　　（日①　p288　主人公の言葉の引用　親友間の会話）

(16) 森山：…最高の仕事、させてもらった、感謝してる。

瀬名：それはよかった。
(日③　p386　営業企画部調査役→取引先の社長(親友関係)　親友間の会話)

　上述の場面のように、「感謝する」は社外の場面でほとんど使用せず、用例(13)、(14)の個人的な会話、(15)、(16)の同僚、親友間の会話で用いられる。特に(13)は次長→取引先の社長という社外の場面であるが、話の内容は私的会話になっているため、他の「感謝」と同じ機能を有している。

礼を言う

　「礼を言う」は話し手の感謝の姿勢を示し、或いは感謝の必要性を言明するような場面で多く用いられる。ビジネス文書のような多くの場合で「お礼申し上げます」だけで感謝を遂行するのに対し、会話場面における「お礼」は他の感謝表現を伴い説明的な表現になっている。以下、例文を幾つか挙げる。

(17)　半沢：すみません。お忙しいところご足労いただきまして。
　　　戸越：ウチも出資してる相手だ。むしろ、教えてもらって礼をいいたいぐらいさ。
(日②　p163　主人公(営業次長)→財務課長　社外)

(18)　半沢：仮にも金融当局の人間が、一般企業の破綻情報を軽々しく口にするなど認識不足でしょう。
　　　黒崎：勘違いしないでもらいたいわね、半沢次長。ナルセンに関する情報は、伊勢島ホテルの業績についてあなたの理解不足を指摘するために、わざわざ披瀝したにすぎないのよ。むしろ、お礼をいってもらいたいくらいだわ。
(日②　p224　金融庁検察官→主人公(営業次長)　社外)

　(17)では、半沢は出向先の戸越と相談する際に、感謝の意を込めて謝罪表現の「すみません」を使っている。返礼として「礼をいいたい」と自分の感謝の意を表す。ところが(18)では、「お礼をいってもらいたい」と

いう相手への謝意を表すはなく、相手に感謝されたいという多少嘲った表現である。つまり聞き手の感謝の姿勢を強いる例外的な用例である。

(19) 森山：<u>礼を言わなきゃいけない</u>のはオレのほうだ。
　　　　　この仕事させてくれて、<u>本当にありがとうな。</u>
　　　　　　（日③　p351　営業企画部調査役→取引先の社長（親友関係）　親友間の会話）

(20) 森山：それよりオレからも<u>礼をいうよ。</u>最高の仕事、させてもらった、<u>感謝してる。</u>
　　　瀬名：それはよかった。
　　　　　　（日③　p386　営業企画部調査役→取引先の社長（親友関係）　親友間の会話）

(21) 伊佐山：それにしても今回の件、平山さんの資本参加をご了承されたご英断があったからこそ可能でした。<u>改めてお礼申し上げますよ。</u>
　　　　　　　（日③　p192　証券営業部長→社長　社外）

(22) 中野渡：今回の件は<u>ご苦労だった。</u>
　　　　　　いろいろ面倒なことをやり遂げてくれた。<u>ありがとう。</u>
　　　　　　私からひと言、その<u>礼をいいたくてね。</u>
　　　　　　　（日④　p369　頭取→主人公（営業次長）　社内）

用例(19)、(20)は登場人物の森山が仕事を提供してもらった瀬名社長に使う「礼を言う」の感謝表現である。森山と瀬名社長は高校時代の同級生で親友であり、お互いの言葉遣いは普通体を使っている。また、この２例は「ありがとう」「感謝している」のような表現とともに用いられ、「礼を言う」は感謝の姿勢を言明するような機能を有している。それに対し、(21)のようなよりフォーマルな場面で、取引先の社長に対して敬意の高い「お礼申し上げます」を使用している。これは「ありがとう」「感謝する」と同様に直接的に感謝の意を表す表現で、第一章によるとビジネス文書で多用される書き言葉の表現であるが、話し言葉ではやや大袈裟に受け取ら

れ、用例も希少である。

　以上、4冊の日本の経済小説から、感謝型表現の「ありがとう」と「ありがたく／ありがたい」、「感謝する」、「礼を言う」を調査した。いずれも慣用表現として受けられているが、使用頻度が大きく異なる。「ありがとう」と「ありがたく／ありがたい」の用例数は42例、全用例の44.6％を占めるのに対し、「感謝する」、「礼を言う」の用例はいずれも5例であり、それぞれ5.3％を占めている。フォーマルな場面あるいは社外のやり取りでは「ありがとう」と「ありがたく／ありがたい」の使用が多いのに対して、「感謝する」、「礼を言う」は(10)、(16)以外は同僚、親友間の会話で使われている。

3.2　謝罪型表現
3.2.1　表現形式

　感謝行動は、相手から利益や好意を受けた場合に生じる。しかし、これはあくまでも感謝行動の「契機」に過ぎず、必ずしも感謝の言語行動を引き起こすわけではない。日本語では「感謝場面で謝罪表現が使用される」ことがよく観測できる（感謝が契機となって謝罪の言語行動を引き起こす）。ビジネス会話の場面でも、このような現象は少なくない。以下、日本語の経済小説からの例を挙げる。

すみません、申し訳ない

　　(23) 平山：本日お時間をいただきまして<u>申し訳ない</u>。
　　　　　　　　　　（日③　p11　取引先の社長→営業企画部次長　社外）
　　(24) 瀬名：お忙しいところ、貴重な時間をいただきまして<u>すみませんね</u>、郷田さん。
　　　　郷田：いえ、本来なら私から謝罪にお伺いすべきでした。
　　　　　　　　　　　　　　　　　（日③　p250　社長→社長　社外）
上述の二つの場面で、(23)の登場人物の平山社長が講演する場面と(24)

の郷田社長が瀬名社長と対面する場面では、謝罪表現の「申し訳ない」「すみません」が使われている。このような表現は、相手の負担に配慮して謝罪することによって感謝の意を表すことができる。具体的に、「聞き手の時間を費やした」という謝罪の意と「時間をいただきましてありがとう」という感謝の意も込めて、低い姿勢から対人的配慮を示している。今回調査したすべての例文で、8例が「すみません」「申し訳ない」(普通体の「すまん」「すまなかった」「申し訳ない」も含む)のように「相手から時間を頂いた」時に使う謝罪型表現である。

恐縮、恐れ入る

(25) 郷田：東京スパイラルさんと資本関係をベースに業務提携することはウチにとって戦略上の意味がある、大洋証券さんはなかなかいいところに目を付けたもんだ。

　　　森山：恐れ入ります。

　　　　　　　　　　（日③　p145　社長→営業企画部調査役　社外）

(26) 伊佐山：ポイントを押さえていただき、恐縮です。

　　　　　　なにしろ、その辺が肝心なところでして。相手を警戒させてはマズイですから。

　　　郷田：承知しております。

　　　　　　　　　　（日③　p191　証券営業部長→社長　社外）

「恐縮」と「恐れ入る」の本来の意味は自分の悪かったことについて、また相手の好意に対して身も縮むほど恐れ入ることである。これによって、「恐縮」と「恐れ入る」は「すみません」のように相手に直接的に詫びていないものの、自分を低い姿勢にして、申し訳ない気持ちで相手の好意を受け取る表現である。特に日本の職場という上下関係の厳しいところでこそ、このような表現が現れると言えよう。

日本語の資料では感謝表現としての「恐縮」と「恐れ入る」の出現場面はわずか2つである。(25)は相手からの褒め言葉に対し、それを慎重に

受け取るような表現である。(26) は相手から受けた恩恵に対し直接に謝罪のストラテジーを使用している。2例とも自分より上位の人に対して「恐縮」と「恐れ入る」を使用している。

3.2.2 面会の場面と感謝表現の関係

　ビジネス会話ではよく (17) のような面会の挨拶の言葉が用いられる。こういう場面は「感謝」と「謝罪」の境界線は非常に曖昧である。例えば相手と面会する時の挨拶として「忙しいところ」「わざわざ」などの表現で相手への配慮を示し、後に「時間を費やす/時間を戴く」の事実によって感謝と謝罪表現が変わってくる。以下には日本語経済小説の面会時のパターンを分類してそれぞれ感謝と謝罪の成り立ちを考察する。

　時間を戴く (相手から利益をもらう)

　　a 本日は貴重な時間をいただきまして、ありがとうございます。

(日④　p82)

　　b お忙しい中野渡頭取に、わざわざお時間を頂戴して恐縮ですねえ

(日④　p279)

　　c お忙しいところ、お時間をいただきまして申し訳ありません

(日③　p377)

　時間を費やす (相手に負担をかける)

　　d 忙しいところ/お仕事中、突然お伺いして恐縮です。○

　　e 忙しいところ/お仕事中、突然お伺いしてありがとうございます。

　　　　×

　　f 忙しいところ、突然お伺いして申し訳ない。ちょっといいかな

(日②　p185)

　負担と利益の関係が不明

　　g お忙しいところ/お仕事中、ありがとうございます。×

　　h お忙しいところ、恐縮です。(日④　p54)

　　　　ⅰお仕事中、申し訳ありません (日① 　p117)

　以上の考察によって、面会時の感謝表現は、相手からの利益をもらう時にしか使えないことが明らかになった。表現としては「感謝型」「謝罪型」の両方が使えるが、d、f、h、ⅰは感謝の契機がなく、謝罪表現しか使えない。

3.3　事実叙述型の表現
おかげで、おかげさまで

　　例文を以下に示す。
　　(27) 戸越：今回は半沢さんの [a] おかげで伊勢島ホテルは九死に一生を
　　　　　　　得た。
　　　　　半沢：どんな窮地にあっても必ずどこかに解決策はあるもんです。
　　　　　　　　湯浅社長の [b] おかげですよ。
　　　　　　（日②　p356　[a] 担当先の財務課長→主人公 (次長)　[b]
　　　　　　　主人公 (次長)→担当先の社長　社外)

「おかげ」は相手から受けた好意や利益を強調し、話し手の感謝の気持と敬意を表す。文脈を見ると、感謝の契機が不明確で、「謝意を表す」より相手に対する「お世辞」に近い表現であり、相手の好意などに配慮しながら感謝している。(27) は登場人物の戸越が助けてくれた半沢に対して感謝する場面である。戸越の「おかげ」の感謝表現に対し、半沢も同じ表現で返しの言葉として、戸越の上司である湯浅社長に感謝の意を表している。定型表現の「ありがとう」などより感謝の意が低いと捉えられる。

　また、「おかげで/おかげさまで」は相手から好意や恩恵を受けていなくても使用できる。とくに相手に皮肉を言う場面で「おかげ」の使用が目立っている。

　　(28) 東田：浅野さんは見かけによらず、たまにとんでもない失敗しで
　　　　　　　かすところがあるからなあ。株の件もそうや。まあおかげで、
　　　　　　　こっちの計画倒産は大成功したわけやけど。
　　　　　　　　　（日①　p232　社長→支店長　社外　皮肉)

のような場面では、登場人物の浅野支店長が株の信用取引によって大損をだしていることに対し、東田社長が皮肉る口調で相手の痛いところを突く。ここの「おかげ」はある程度感謝の意を込めているが、一般的なビジネスでは使用しないと考えられる。岡本(2000)は皮肉とお世辞の違いは、話し手の気持ちは真か偽によって変わってくると指摘している。つまり、このような「おかげ」の用法は、話し手の感謝の気持ちは偽で、言語として表出された部分だげが感謝表現になっている。

お世話になる

「お世話になる」のような表現は実際に相手から助けてもらったり日頃から受けている恩恵に対して用いられる。過去形の「お世話になりました」は「今まで受けた厚意に対する感謝」の意を表し、ビジネス場面では会社の退職、問題解決などお世話になった上司や同僚への感謝表現である。用例は以下に示す。

(29) 渡瀬：あ、<u>お世話になってます。</u>
　　 近藤：お忙しいところ、突然お伺いして申し訳ない。ちょっといいかな。
　　　　　　　　　　（日② p185 顧問税理士→総務部長 社外）
(30) 諸田：<u>ありがとうございます。</u>
　　 岡： まあ、頑張ってくれ。
　　 諸田：<u>お世話になりました。</u>
　　　　　　　　　　（日③ p166 [a][b] 次長→社長 社内 辞令）
(31) 伊佐山：いやあ、今回の件では<u>いろいろ</u>と<u>お世話</u>になります。
　　 郷田： こちらこそ、<u>お世話になります。</u>
　　　　　　　　　　（日③ p190 証券営業部長→社長 社外）
(32) 半沢：いままで長い間、<u>お世話になりました。</u>
　　 富岡：こちらこそ、<u>世話になった。</u>
　　　　　　　　　　（日④ p372 主人公(次長)→監査次長 社内）

また、「お世話になる」は実際に相手から恩恵や世話などを受けていない場面でも使える。例えば、ビジネス文書あるいはビジネスメールの冒頭の「いつもお世話になっております」のような文頭挨拶は (29)、(31) の用法と同じように日頃相手から受けた恩恵を想定し、後に来る依頼や用事などを円滑にする機能を持っている。ここの「お世話になります」は決まり文句のような表現であり、ビジネスマナーを反映した用法である。(30)、(32) は離職の場面でいままで受けた厚意に対し、「お世話になりました」の使用によって、相手への感謝や尊敬の意を表す。(30) は感謝型表現の「ありがとう」と混在して使用する場面である。

3.4　その他の感謝表現

ご苦労様、お疲れ様

　「ご苦労様」「お疲れ様」は相手に慰労の意を表す時に使用する感謝表現である。とくに「ご苦労様」は職位の高い人物から自分より下位の人に対して、「ありがとう」など一般的な慣用表現を避け、感謝の意を表す。ビジネス会話の場面では多く使われている。

　(33) 中西：課長、お願いします。
　　　半沢：ご苦労様。早速、見せてもらう。

　　　　　　　　　　　　（日①　p36　課長→一般職員　社内）

　(34) 野田：社長、いま終わりました。
　　　田宮：ご苦労さん。

　　　　　　　　　　　　（日②　p114　社長→課長　社内）

　用例 (33)、(34) の場面いずれも「課長→一般職員」、「社長→課長」のような上位→下位の会話である。

　(35) 半沢：それはお忙しいところ、ご苦労様。
　　　原田：いえいえ、こちらこそ仕事を増やしていただきましてありがとうございます。

　　　　　　　　　（日②　p99　主人公→担当先の財務部長　社外　皮肉）

(36) 半沢：どうやら黒崎検査官には、なんらかの錯誤があったようです。お忙しいところ、<u>お疲れ様でした。</u>

（日②　p279　主人公(次長)→金融庁主任検察官　社外　皮肉）

他に、用例(35)、(36)の場面は(28)の「おかげ」の皮肉を言う用法と同じく特殊な場面である。(35)では半沢と出向先の財務部長の原田がお互いに皮肉るような場面である。(36)は、失態した黒崎検査官に対し、傍らで一部始終を見た頭取に「お疲れ様でした」を使用し、多少黒崎検査官への皮肉を込めている。

省略表現としてのどうも、こちらこそ

上述の用例(1)のように、「どうも」は修飾語として使用されている。それに対し、省略表現としての使用も目立っている。「どうも」は副詞として感謝や謝罪などの挨拶語に添えて強調する意味がある。とくに後ろの省略する部分は曖昧で、前後の文脈を確認しないと具体的にどのような意味を指しているかを判断しにくい場合がある。「どうも」はいくつかの意味を持ち、後ろが感謝するか謝罪するかが曖昧で、一つ一つの場面で人物の行動や発言から読み取るしかない。

(37) 半沢：先日は<u>どうも、</u>どうぞ、こちらへ

　　 竹下：この前の話が気になりまして。

（日①　p167　主人公(課長)→社長　社外）

(38) 古里：まったくあんたには負けたよ。

　　　　　だが、気に入った。

　　 半沢：それは<u>どうも。</u>

（日②　p127　京橋支店次長→主人公(次長)　社内）

(39) 郷田：本日は改めて、御社の買収提案についてお話をさせていただきたいとおもって参りました。

　　 瀬名：それは<u>どうも。</u>

　　　　　心境の変化でも？

(日③　p275　社長→社長　社外　皮肉)

　以上の３例のうち、用例(37)は半沢が出向先の竹下社長に対し、先日お世話になったという事実によって感謝の意を込めている。(38)は半沢が相手の自分に対する褒め言葉に軽く感謝する場面である。前者は「どうもお世話になります」、後者は「どうもありがとう／どうもありがとうございます」の省略表現であると考えられる。「どうもすみません」のような謝罪表現と思われる例が本章の調査では見られない。
　また、(39)は皮肉の意を込めて「どうも」を使用している。
　(40) 郷田：本日はお忙しいところ、お時間をいただき<u>申し訳ない</u>。
　　　瀬名：いいえ、<u>こちらこそ</u>。

（日③　p274　社長→社長　社外）

　(41) 乃原：　お忙しい中野渡頭取に、わざわざお時間を頂戴して<u>恐縮ですねえ</u>。
　　　中野渡：帝国航空の件では何かと<u>お世話になりました</u>。
　　　乃原：　いや、<u>こちらこそ</u>。ただ、まだこれからですから。

（日④　p279　諮問機関リーダー→頭取　社外）

「こちらこそ」は「こちらこそ申し訳ない」「こちらこそお世話になりました」の省略で、相手の感謝に対するお返しの言葉として日常会話でも多用されている慣用表現である。

幸せ、嬉しい

　(42) 森山：いまさらこんなことをいうのは恥ずかしいんだけど、こんな充実した仕事をさせてもらって<u>幸せだと思う</u>。

（日③　p351　営業企画部調査役→取引先の社長(親友関係))

　(43) 森山：ほんとうに、<u>うれしいよ</u>。

（日③　p351　営業企画部調査役→取引先の社長(親友関係))

「幸せ／嬉しい」は相手に感謝するときの自分の気持ちの表明である。(42)、(43)は親友に対して使用しており、公の場合では使えないと考えら

れる。

4 中国の経済小説における感謝表現

4.1 「谢谢」の使用状況と分類

　中国の経済小説の中では、「谢谢」を用いる例文が圧倒的に多い。88例で全125例の70.4％を占めている。中国語の日常会話では、「谢谢」は最も一般的な感謝表現であるが、他の感謝表現「感谢」「多谢」の区別が曖昧で、お互いに置き換えて使用する場合も多い。以下は経済小説に出現する「谢谢」の使用状況を紹介し、それぞれの特徴を明らかにしていく。

「谢谢」の単独の使用

　「谢谢」の単独の使用は日常会話でも多用されている表現であるため、社外、社内、私的会話のすべての場面で出現する。相手の好意や恩恵に対して返しのことばとして直接に感謝の意を表している。例文を以下に示す。

(44) 刘丰：大家辛苦了，周末没有休息，晚上开会讨论，尤其是老同志有家都不能回，谢谢。
　　　（皆さんご苦労様、週末も休まず、夜は会議で、……ありがとう。）
　　崔国瑞：为了工作，应该的。
　　　（仕事のために当然のことです。）
　　　　　　　　　　　　　（中①　p138　頭取→職員　社内）

(45) 朱鹏：我没什么事，就是打电话问问你。
　　　（別に用事はないさ、電話で挨拶するだけだ。）
　　柯蓝：谢谢。
　　　（ありがとう。）
　　　　　　　　　　　　　（中③　p131　主人公→友人　私的会話）

(46) 吴芳：金总现在没时间，改天吧。

　　　　　　(金さんは今空いていない。別の日にしてください。)
　　朱鵬：那好吧，<u>谢谢</u>。
　　　　　(そうですか。ありがとう。)
　　　　　　　　　　　　　　(中④　p21　主人公→上司　社内)
　用例(44)は上司が部下に感謝表現を通して慰労の念を示している。他に(45)のような同僚間の会話、(46)の上司への感謝が多く見られる。
　中国語の「谢谢」は字面だけで敬意の高さが判断できない。日本語では「ありがとう」の敬体「ありがとうございます」を目上の人に使ったり、「お礼申し上げます」のような謙譲語で敬意を表わしている。中国語と日本語の同じ場面でも、(46)のような「谢谢」のひと言で済む場合が多く見られる。これはビジネス文書にも有する現象である。
　しかし、中国語の感謝表現の敬意の高さが全く変わらないとは言えない。敬意の表し方は感謝の繰り返し、人称代名詞・肩書で相手の身分を限定するなどの方法がある。

「谢谢」の繰り返し
　「谢谢」の繰り返しは相手への謝意を高める方法の一つで、日常会話、ビジネス会話の両方に見られる表現である。例文を以下に示す。
(47) 赵勇：<u>谢谢</u>介绍，我们回去看看楼书。
　　　　(説明ありがとう…)
　　白涛：<u>谢谢</u>参观我们的楼盘，<u>谢谢</u>。
　　　　(ウチの物件を見てくれてありがとう、ありがとう。)
　　　　　　　　　　　　　(中②　p177　販売員→客　社外　販売)
(48) 周大明：这话太对了！北州这方面的毛病特别大！刚才我对吴总说，
　　　　　　朱总是个真正的业务高手，而且极具人格魅力，大家都反
　　　　　　映朱总带来了一阵春风……
　　　　　　(…朱さんは本当に業務のベテランで、人格的魅力も高くてまるで春風のようで皆さんがいい評判してますよ。)

朱鹏：周总太过奖了！<u>谢谢谢谢</u>……
　　　　（周さん、とんでもないです。ありがとうありがとう…）
　　　　　　　　　　　　　（中③　p23　支社長→主人公　社内）

用例(47)、(48)では、話し手が二回「谢谢」を使っている。

(49)　朱鹏：义山，你是真的一心要为国献身了？也罢，我就陪你一路走到底，咱们共同迎接一个灿烂的出头之日！
　　　　（…そうか、なら最後までやり遂げてあげようか、一緒に輝く未来を迎えよう。）

　　王义山：<u>谢谢朱总，谢谢</u>……
　　　　（ありがとう、朱さん、ありがとう…）

　　朱鹏：你放心，你这个职位还会为你保留到最后一天，谁也抢不走，你放心做事好了。
　　　　（大丈夫だ、あなたの職位は最後まで保留するよ、誰も奪えない、安心して仕事するのがいい。）

　　王义山：朱总，唉……<u>谢谢，谢谢</u>……那我不打扰您休息了，有什么情况我会及时跟您汇报。
　　　　（朱さん、ありがとう…ありがとう、お邪魔しました。また何があったら即刻報告します。）
　　　　　　　　　　　　　（中④　p229　部下→主人公　社内）

用例(49)の場面では、話し手が4回「谢谢」を使っている。

　上述の「谢谢」の繰り返しの例は、いずれも上司・客のような上位者に対して使っている。日本の話し言葉でたまに「ありがとう」などの感謝の繰り返しが行われることがあるが、敬意の高い表現とは言えない。過剰に使うと逆効果になる場合もある。それに対し、中国語の「谢谢」の繰り返しは相手への感謝の意を高める上で、ビジネス会話でも上位者に使える表現である。

「谢谢」＋代名詞／相手の肩書

　「谢谢」の単独の使用の他に、「谢谢」＋代名詞／相手の肩書もビジネス会話で多く見られる用法である。例文を以下に示す。

　　(50) 骆伽：人们不肯转变，却会假装改变给你看。
　　　　　　　(人は変えたがりません。変えるふりをして見せるだけです。)
　　　雷励行：人不变，只能换。
　　　　　　　(人が変わらなければ、人を換えるがいい。)
　　　　　　　谢谢你，我不得不说，你，很不一般，非常不一般。
　　　　　　　((あなた、)ありがとう、あなたは大したものだ。それを言いたいだけだ。本当に大したものだ)
　　　　　　　　　　　　　　　　　　　(中②　p23　上司→秘書)
　　(51) 赵勇：柳总，谢谢您。
　　　　　　　(柳さん、(あなた、)ありがとうございます。)
　　　柳庆元：不用谢，我应该做的。
　　　　　　　(大丈夫、私のやるべきことだ)
　　　　　　　　　　　　　　　　　(中②　p184　販売員→社長　社外)

用例(50)、(51)のような「谢谢」＋二人称代名詞は相手を強調し、感謝の意を高める働きがある。人称代名詞は相手の地位によって変わる。(50)は上司→部下で「你」を使い、(51)の聞き手は社長という上位者であるため、「你」より敬意の高い「您」を使用している。

　それに対し、多くの人に対する感謝では

　　(52) 周锐：好，我的时间就到这里，下面有林佳玲小姐介绍实施和计划
　　　　　　　和服务体系，谢谢大家。
　　　　　　　(よし、私はここまでです。次は林佳玲さんから実施計画とサービスの枠組みを紹介します。みなさん、ありがとうございました。)
　　　　　　　　　　　　　　　(中①　p119　主人公→職員　社内　会議)

のように「大家(皆さん)」で相手の身分を一括して感謝の意を表す。

(53) 吴芳：哦，我会通知人事马上走流程，按部门总经理的待遇来执行。
　　 朱鹏：<u>谢谢吴总</u>，不过按金总今天的意思，我的级别等同于副总裁，为什么不能干那个待遇来执行呢？
　　　　　（呉さんありがとう、しかし金さんのご意見に従うと…）
　　　　　　　　　　　　　　　（中③　p101　主人公→上司　社内）

(53)のような「谢谢」＋相手の「姓＋肩書」の場合も多い。すべて上位者に対して使っている。日本語では相手の姓を省略して、肩書だけ呼ぶ場合が多い。また、上位者である相手の肩書を呼ぶのを避け、直接的に感謝の意を表す場合が多い。

「谢谢」＋動作/事実

例文を幾つか挙げておく。

(54) 张立光：哦，是这样，那是我们的失误，不怪大家。那现在请大家将手机关闭或者调为振动，<u>谢谢配合</u>！
　　　　　（ああ、そうか、それならこっちのミスだ。皆さんのせいじゃないんだ。それでは携帯の電源をオフにするかマナーモードにしてください。協力ありがとう。）
　　　　　　　　　　　　（中③　p212　上司→職員　社内　会議）

(55) 张大强：招投标暂停，请大家稍后，<u>谢谢配合</u>。
　　　　　（競争入札は一旦中止です。少々お待ちください。ご協力ありがとう。）
　　　　　　　　　　　　（中②　p394　主任→代表　社外　競争入札）

(54)、(55)の「谢谢配合」は「ご協力ありがとう」の意味である。相手がもたらした利益に対する感謝を表明するという感謝のストラテジーが用いられている。日本語と中国語の感謝表現を比較すると、ビジネス日本語ではこのように感謝する旨を表明するのが多く（ご協力/ご支持/お引き立てありがとう）、敬意も高い（「ご協力いただきまして」のような尊敬語）。それに対してビジネス中国語では「谢谢」「多谢」のひと言で済む場合が

多い。

(56) 王锴：生日快乐。
　　　　　（誕生日おめでとう。）
　　　骆伽：谢谢生日礼物。
　　　　　（（誕生日プレゼント）ありがとう。）
　　　　　　　　　　（中②　p160　秘書→取引先の社長　社外）

(56)はプレゼントをもらったという事実に対して「谢谢」を使用している。

4.2 「谢谢」以外の感謝型表現

「感谢」

「感谢」はもともとは書き言葉的な表現であり、日常会話で使うとやや固いと感じられるが、ビジネスの場合ではかなり限定された場合しか使わない。ビジネス会話のフォーマルな場面が多く、日常会話より「感谢」の登場が多くなると考えられる。「感谢」の用例は17例で、13.6％を占めている。

(57) 赵洪河：各位代表，谢谢大家耐心等待。我宣布，北京交管局智能交通二期工程中轮招投标工作圆满完成，谢谢大家的积极参与，请等待进一步的消息和通知,再次感谢大家。
　　　　（代表各位、辛抱強く待っていただいて、ありがとう。（おまたせしまして申し訳ない。）…積極的なご参加ありがとうございました、新しい情報と通知をお待ちください。改めて感謝します。）
　　　　　　　（中②　p324　競争入札の担当者→代表　社外　競争入札）

(58) 骆伽：我有话说。
　　　方恩山：如果有不同意见，请遵照招投标流程申诉，北京智能交通二期工程招投标到此为止，感谢大家参与。
　　　　（…異議があれば、競争入札のルールと手順に従ってお申

し立てください。ご参加感謝します。)

(中② p391　競争入札の担当者→代表　社外　競争入札)

(59) 朱鹏:您好！我是北州集团的朱鹏，感谢您对我们工作的大力支持！

(こんにちは、私は北州グループの朱鵬です。こちらの業務をご支持いただきまして感謝いたします。)

方主席:我知道，你们那天的会开得很有意思啊，大家反映都不错。

(わかってるよ、前日の会議は有意義だったな。みんなの反響はいいよ。)

(中③ p224　主人公→主席　社外)

(60) 刘洪:从去年九月份你进我们集团到现在，已经有快一年的时间了。这段时间，张总还是为我们公司做了相当大的贡献的，无论是销售队伍的建立，销售流程的细化，还是整个市场的策划与架构，都提出了很多相当好的观点，有些还取得了一定的成绩，所以，我个人对于张总的业务能力和市场的感觉是相当认可的。

(…張さんは会社の業務に大いに貢献した、…張さんの業務能力と市場への嗅覚は認めるよ。)

张立光:这当然要感谢刘总给了我这个机会，没有明光这个平台，我个人再有能耐也是发挥不出的。

(劉さんにこのようなチャンスを頂きまして感謝します。明光という舞台がなければ、私個人の能力では発揮できませんよ。)

(中③ p292　部下→社長　社内)

例文を見ると、用例(57)(58)は競争入札の現場で、開催者が入札に参加する会社の代表に対する感謝である。(59)は「主席」という上位の指導者に対して、「ご支持ありがとう」のようなお世辞で上位者への配慮と尊敬を示している。(60)は社内の会議で上司である社長に対する感謝の言葉である。いずれも現場・会議のようなフォーマルな場面で「感谢」の

機能は「谢谢」より限定され、はっきりしていると言えよう。

「感激」
　「感激」は相手の好意や恩恵に対して「感謝と感動」の気持ちを表す時に用いる表現である。例文から見ると、フォーマルな場面で用いず、主に私的会話で出現している。例文を以下に示す。
　(61) 骆伽：这是什么意思？
　　　　　　（これはどういうことですか？）
　　　王锴：我们首先互相理解，找到共同的兴趣，再一步步变成合作伙伴，
　　　　　　胖子不是一口吃出来的。
　　　　　　你们能来，我非常感激，今晚我请客
　　　　　　（…あなた達が来てくれて、非常に感激だ、今晩は私のおごりだ。）
　　　　　　　　　　　（中② p112　社長→取引先の職員　社外）
　(62) 周大明：请朱总你好好指导他该如何去做业务，那我这真是感激不
　　　　　　　尽啊。
　　　　　　　（業務の方はきっちり指導してあげてくださいよ、それなら感激が尽きませんな。）
　　　朱鹏：周总都怕的人，我更搞不定啊，我今天做个旁观者好了。
　　　　　　（周さんの苦手の人なら、私は当然指導できませんよ。今日は傍観者でいます。）
　　　　　　　　　　　（中③ p27　主人公→支社長　社内）
　(63) 靳小萌：我总算得到问候了！感激之情如滔滔黄河水一泻千里呀！
　　　　　　　（…感激の気持ちは黄河の水のように一瀉千里ですよ。）
　　　朱鹏：这几天事太多了，改天请你吃饭。
　　　　　　（この数日は忙しい。今度おごるよ。）
　　　　　　　　　　　（中③ p83　部下→主人公（上司）　社内）
以上の例はいずれも私的会話で、話し手が自分の謝意を強調して「感激」

を使用している。

「多谢」

　「多谢」の「多」は「多い」「大いに」の程度を表す副詞であり、相手への感謝を高めるような表現である。話し言葉では多用されるが、フォーマルな場合は「谢谢」を使うのが一般的で、私的会話では両者置き換えられる。例文を以下に示す。

(64) 李玉玺：我们不能违反超投标流程，但我可以负责地说一句话，只要中联拿出诚意，我们就愿意给中联机会。
　　　　　　（我々は競争入札のルールに違反できません。しかし、責任をもって申し上げます：中聯が誠意を見せれば、中聯にチャンスを与えることを保証します。）
　　柳庆元：<u>多谢</u>。
　　　　　　（ありがとうございます（多謝します）。）
　　　　　　　　　　　　　（中② p213　社長→局長　社外）

(65) 韦奇峰：王总如果犹豫不决，站不稳立场，不妨直说。如果这样，北京交管局的订单，永嘉集团不但肉吃不到，骨头啃不着，喝汤也不可能。你得罪了中国惠康，我保证您今年一个项目都拿不到，不是在交通能源行业，而是所有行业。
　　　　　　（…中国惠康の気に障ったら、今年のプロジェクトは一つも手に入れられないつもりでいてください。…）
　　王锴：<u>多谢</u>韦总提醒，我没这个意思，永嘉集团与惠康合作多年，没有理由分道扬镳。
　　　　　　（(韋さん) ご注意ありがとうございます。そんなつもりはありません。永嘉と惠康は長年業務提携してきたので、物別れの理由はありません。）
　　　　　　　　　　　　　（中② p310　社長→社長　社外）

用例(64)、(65)いずれも社外の場面であるが、両方とも面会の場面で

使用されている。それに対して、

(66) 周大明：明天我让司机送你去机场，晚上我得和这帮分公司的人喝酒，明早肯定起不来，不能送你了——这次多谢你了，老弟！
（…今回は多謝するよ、兄弟。）

（中③　p173　支社長→主人公　社内）

(67) 朱鹏：多谢章主任，给了我们很大的启发呀！谢谢谢谢……
（(章)主任、ありがとうございます。我々に貴重なヒントを与えていただきました。ありがとうございます。(繰り返し)）

（中③　p270　主人公→主任　社外）

のうち、用例(66)は同僚間の感謝である。(67)は「谢谢」の繰り返しと混在して使用している。

「重谢」

(68) 周锐：主任，这项目多亏您支持，必有重谢。
（主任、このプロジェクトはあなたのご支持のおかげです。必ず恩返ししますよ。(大いに感謝します)）

　　张大强：怎么说？
（どうやって？）

　　周锐：老板还在商量。
（上はまだ鋭意検討中です。）

（中②　p68　主人公→主任　社外）

「重谢」の例はわずか1例である。「重谢」の本来の意味は「大いに感謝」であり、とくに相手の恩恵や好意に対して物質的な返礼の承諾を示している。感謝の「恩返しの申し出」のストラテジーでしか使わないので、中国語で非常に特殊な感謝表現であると言えよう。

4.3　その他の感謝表現

中国語の経済小説では「不好意思」「対不起」のような感謝の時に使う

謝罪型表現が見られないが、他に日本語経済小説に出現する「おかげ」「お疲れ様」のような事実関係の陳述、慰労の念の感謝表現と類似する「多亏」「承蒙」「辛苦了」感謝表現などが見られる。例文を以下に示す。

(69) 金总：朱总，<u>辛苦了</u>。
　　　　　（朱さん、お疲れ様です。）
　　　朱鹏：为人民服务，为人民服务。
　　　　　　　　　　　　　（中③　p67　上司→主人公　社内）

(70) 朱鹏：周总，高！
　　　　　（周さん、さすがです。）
　　　周大明：那还不是<u>多亏</u>你指点。
　　　　　（あなたのおかげですよ。）
　　　　　　　　　　　（中③　p163　支社长→主人公　社内）

(71) 李玉玺：<u>承蒙</u>柳总邀请，参观了中联公司
　　　　　（柳さんのおかげで、中聯を見学しました。）
　　　　　　　　　　　（中②　p212　局長→社長　社外）

「辛苦」は「お疲れ様」と同じ意味で、同僚間に使うが、中国語の経済小説ではわずか6例で希少である。特に日本の職場では「お疲れ様」「ご苦労様」がビジネス会話の挨拶に定着しているのと比べ、それほど頻繁に見られない感謝表現である。用例(70)、(71)の「多亏」「承蒙」は「おかげさまで」の意味を有するが、一般の感謝型感謝表現と共起することはなく、日本語のような皮肉の用法も見られず、偶然に見られる例である。

5　まとめ

ここまでは日本語と中国語の経済小説における感謝表現を考察してみた。両者における多様な感謝表現が確認でき、場面や感謝の機能のバラエティが見られた。

経済小説における感謝表現の全体像を把握するため、序章で述べた分類

表2　日本語と中国語経済小説における感謝表現の分類と用例数

	感謝型			謝罪型		事実の叙述		その他			計
日本語	ありがとう/ありがたい	感謝する	礼を言う	すみません/申し訳ない	恐縮/恐れ入る	おかげ/おかげさまで	お世話になる	お疲れ様/ご苦労様	嬉しい/幸せ	省略表現	
	66	5	8	8	4	30	12	24	2	5	164

	感謝型					謝罪型	事実の叙述		その他	計
中国語	谢谢	感谢	感激	多谢	重谢	／	承蒙	多亏/幸亏	辛苦	
	88	17	4	6	1		1	2	6	125

の方法に従って感謝表現の数と分類を上記の表2にまとめてみる。

　表2を見ると、日中の経済小説はともに感謝型表現が一番多く、特に中国語の感謝型表現は全体に占める割合が高い。謝罪型表現、省略表現は日本語経済小説特有の表現である。中国語の日常会話にも感謝の契機で「不好意思」のような謝罪の言語行動を取る場合もあるが、本章の調査では見当たらない。「おかげ」と「多亏／幸亏」、慰労の念を表す「お疲れ様／ご苦労様」と「辛苦」はそれぞれ類似する表現であるが、日本語の方は使用が多く、表現形式も中国語より豊富である。

　謝意の深さを見ると、日本語は上下関係によって感謝の程度が変わって

くるが、中国語の同じ場面では「谢谢」のひと言で済む場合が多い。

　本章では日本と中国の経済小説における感謝表現の分類と出現数をまとめ、それぞれの使用傾向と機能を考察し、比較してみた。今後は各感謝表現のストラテジーと日本と中国それぞれの社会的、歴史的違いから、ビジネス会話における感謝表現を更に分析する必要がある。

（注）

（注1）：ダイヤモンド社は日本の経済・ビジネスなどの書籍と雑誌を扱う出版社である。ダイヤモンド社主催の経済小説大賞・「ダイヤモンド経済小説大賞」が「城山三郎経済小説大賞」に改称し、2012年の第四回をもって終了したものの、2014年に「城山三郎賞」が創設された。

第二部

近現代商用文における感謝表現

第四章　近現代商用文における漢語の感謝表現について

1　はじめに

　従来の感謝表現に関する研究は、感謝のストラテジーや発話行為に関する研究が多い。感謝を表す言葉そのものはどのような過程を経て変遷してきたのかについて、先行研究では「ありがとう」「かたじけない」のような和語に注目する研究が多く見られる。商用文・ビジネス文書について、明治期以降、商業活動の近代化により、商用文例集に特化した出版物が多く出されている。さらに、近代のうち昭和戦前期までの商用文の文体は主に候文体であり、中には大量の漢字・漢語の使用が認められる。本章では近現代商用文における感謝表現の中で、漢語の感謝表現の種類の減少及び定型化などの課題を巡り、現代語成立期の書き言葉における漢語の感謝表現の変遷を究明する。

2　先行研究及び問題点

2.1　漢字・漢語普及の時代背景

　近代では、漢字及び漢語が教養層のみならず非教養層の間にも普及したことが認められる。かつて教養層が理解・使用した漢字・漢語は明治初期に広く普及し始め、一般民衆の漢字・漢語に対する意識が大きく変化した。その背景には、政府の政策を始め、出版技術と学校教育の普及などが考えられ、漢字・漢語は当時の日本国民共有のものになった。飛田 (1988) に

よると、民衆の学問の欠如を巡り、明治時代に様々な漢字に関する議論が行われてきた。その中で当時としては革命的な漢字廃止を提唱する発言もあり、その反論として三宅雪嶺の「漢字利導説」、井上円了の「漢字不可廃論」などがその時代の代表的なものである。さらには、かな専用論、ローマ字専用論、漢字節減論もあった。

　このような議論は現在に至るまで続いているが、近代では、飛田 (1988) によると、漢字制限論は、明治時代にやがて小学校教育に適用され、教科書に使用する漢字数と字体が指定されることになった。漢字は語を表記するための伝達の道具で、字体、字訓、字音などの各面から表記と関わってくるが、そのためには漢字の習得が前提となる。明治維新以降、小学校の就学率は明治6年の 28.13% から国定教科書が使用された明治37年で 94.43% になり (注1)、漢字は教養層の専用物から国民の共有物となった。また、西洋の著作の翻訳と文学作品の盛行によって、大量の漢語の造語が生まれ、漢字・漢語の影響力は計り知れないものとなった。

　商業の世界では、近世までの「士農工商」の階級社会の中で、商人は商取引をするため、一定の文章を書く能力や商取引に関する語彙を身につける必要があった。当時、商人は「寺子屋」などの場所でこのような商業知識を学習した。さらに、その需要に応じて、文書の書き方を教える商用文例集が歴史に登場するようになる。諸星 (2016) によると、近世の商家文書では、往来物に含まれる各種『商売往来』があり、商用文を習うための文例集も編まれていた。明治以降は、候文体の商用文に特化した文例集が登場するようになり、商用文は世間一般に広がった。近世以降、階級社会の消滅および会社組織の発展により、商業の主体が商人から商社へ移行するが、商業知識や商用文の書き方の学習に対する需要は時代の推移とともに勝るとも劣らない状況を示すに至っている。商業に従事する人々はこのような商用文の指導を受け、難解な漢字及び漢語表現を身につけている。とくに戦前商用文の主流であった候文体の商用文には大量の漢字・漢語表現が含まれ、多くの漢語表現は決まり文句のような書簡文専用の表現とし

て、現代のビジネス文書にも影響を残している。また、文章の改革、当用漢字（または昭和56年以降の常用漢字）などの規制により戦後から口語文が一気に主流となったが、漢語表現の減少と感謝表現の定型化（主に和語表現による定型化）も見落とすことのできない現象である。

2.2 文書・書簡文における漢字・漢語

　商用文は現代のビジネス文書の前身であり、その歴史はすでに150年以上に及ぶ。商用文は商業上のやりとりや社内の情報伝達などのための文書であるが、文章の様式は書簡文、つまり手紙である。書簡文の文体について、中世にはすでに候文が主流となっており、近世から仮名交じりの書き下ろしの候文が普及している（注2）。その中には、大量の漢字・漢語の使用が見られる。

　相原(1987)は伊達家文書を資料として文書特有の用字と用語を考察している。とくに現在ではほとんど使われることのなくなった文書特有の語を選び、その意味と用例をあげている。文頭の挨拶については、書き出しは「切々御飛脚懇意之段祝着之至候」などの簡単な挨拶からすぐ用件にはいる場合が多いと記述している。返書の場合はお礼を述べてから本文にはいることが多いと文頭の感謝表現について指摘している。感謝を表す漢語は「(御)礼」「感荷」「謝言」「拝感」などが見られる。

　貝(1988)は書簡文の漢字の出現数と候文・口語文それぞれの漢字含有率を考察している。漢字含有率について「同じ文体では年代の差が漢字含有率にはあらわれていない。書簡文中の漢字が直接に年代の変化をうけたのではなく、漢字含有率の低い口語文が占める割合がふえたことにより、全体の漢字含有率が下がったのである。」と述べている。しかし、漢字の割合が高いと言っても漢語表現が多いとは言えない。訓の表記としての漢字と候文における漢文風の転倒も漢字の含有率を左右する原因である。

　その他、江川(1989)も手紙の漢字について研究を行っているが、書簡文における漢語だけに注目し、あるいは感謝を表す漢語表現についての研

究は管見の限りでは見当たらない。

近現代の商用文例集の中にも漢字・漢語に関する記述が多く見られる。書簡文の慣用的な漢語リストや、漢語の優劣についての議論もある。なかでも服部嘉香著『最新商用文精義』(大正3)において

> 商用文に用ひる語句は日本語として最も健全穏當のものでなければならぬ。平易にすらへと書ける所に、徒に難解の漢語外国語を用ひたり、方言訛語、俚言鄙語、古語科學語、又は濫造語、誤用語を挿入したりするには、筆者の人格を低うし、禮譲を失ひ、又文意を曖昧にする所以である。(46-47頁)

と書簡文における漢語の過剰使用を強く批判している。

このような漢語に対する意識は、商用文が登場した当初から数々の編纂者の手による商用文の内容や漢字・漢語の使用に大きく影響している。さらに、このような商用文例集における感謝表現やそれ以外の表現もそれぞれ当時の商業に従事する一般民衆の文書の用語の手本となったと言っても過言ではない。時代の変化によって商用文における感謝表現がどのような影響を受けたかについて関心を抱いたため、本章では、明治末期から昭和末期(1980年代末期)までの商用文における漢語の感謝表現について

① どのような漢語表現が使われているか。漢語の種類と文書のジャンルにどのような関係があるか。
② 時代とともに漢語表現の数と種類はどのように変遷してきたのか。商用文という特殊な様式における漢語の感謝表現と一般的な書き言葉との区別はどのようなものがあるか。
③ 漢語の感謝表現と和語の感謝表現はどのような関係をもつのか。

を明らかにしたい。

3 近現代商用文における漢語の感謝表現

3.1 辞書における記述

　本章で調査した商用文に見られる漢語の感謝表現は：感謝、感激、感佩、感銘(肝銘)、謹謝、厚謝、幸甚、謝、謝意、謝恩、深謝、多謝、拝謝、万謝、鳴謝、(お/御)礼、(御)厚礼の17種類である。まずはその語釈と初出例を『日本国語大辞典 第二版』の記述を用いて表1にまとめておきたい。
　表1から見ると、17種の漢語の感謝表現のほとんどは「ありがたい」「礼

表1　漢語の感謝表現の語釈と初出例

漢語	『日本国語大辞典　第二版』における語釈	初出例
感謝	ありがたいと感じて礼を述べること。また、ありがたいと感ずる気持。	＊太平記〔１４Ｃ後〕一〇・大仏貞直事「入道斜めならず感謝（カンシャ）して、聴て両探題職に居(すゑ)らる可き御教書を成され」
感激	物事に深く感じてふるいたつこと。心に強く感じること。感奮。また、非常に有難く思い感謝すること。	＊和漢朗詠集〔１０１８頃〕下・述懐「専諸荊卿が感激せし、侯生予子が身を投ぜし、心は恩のために使はれ、命は義によって軽し〔後漢書〕」
感佩	深く心に感じて忘れないこと。深くありがたいと感じて感謝すること。	＊参天台五台山記〔１０７２～７３〕一「法衣一件、覆膊一件、已受領訖、感佩之至、不任下懐、謹具状塵謝」
感銘(肝銘)	しっかりと心にきざみこんで忘れないこと。また、忘れられないほど、深く感動すること。	＊新令字解〔１８６８〕〈荻田嘯〉「感銘 カンメイ フカクアリガタガルコト」
謹謝	記述なし	記述なし

厚謝	厚く礼をのべること。深謝。	＊小津桂窓宛馬琴書簡‐天保六年〔１８３５〕五月一六日「金瓶梅三集下、致進上候処、無滞御入手被下候よしにて、御厚謝之趣承知、却て痛入候」
幸甚	ひじょうにありがたいこと。なによりのしあわせ。多く手紙文に用いられる。	＊続日本紀‐和銅二年〔７０９〕四月壬午「幸甚難言」
謝	(1) 自サ変①いとまごいをして立ち去る。辞去する。立ち退(の)く。②花などがしぼむ。しぼんで落ちる。凋落（ちょうらく）する。おとろえる。(1) ①あやまる。詫びる。謝罪する。②感謝する。礼を言う。③ことわる。謝絶する。④恨みなどを晴らす。とり除く。払い落とす。たち切る。⑤ひけをとる。譲る。	＊今昔物語集〔１１２０頃か〕九・三二「迴漢、鬼を座に居へて令食しむ。鬼、甚だ喜て迴漢に謝す」
謝意	①人の好意、親切などに対する感謝の気持。礼の心。礼意。②自分の過ちをわびる気持。謝罪の心。	＊実隆公記‐文明一一年〔１４７９〕正月一六日「及晩向広橋許、金覆輪携之、先日被持来之間為謝意也」
謝恩	受けた恩に感謝すること。受けた恩に感謝の気持をあらわすこと。	＊内地雑居未来之夢〔１８８６〕〈坪内逍遙〉九「心計（ばかり）なる餞別も得せず。謝恩（シャオン）の万分一も表する能はず」
深謝	①心から感謝すること。ふかく感謝すること。②ふかく詫びること。ていねいにあやまること。	＊伊藤特派全権大使復命書附属書類〔１８８５〕天津談判・三「国王直に引見して、其速に来衛するの厚誼を深謝するの勅語あり」

多謝	①厚く礼を述べること。ていねいに礼を言うこと。②ていねいに自分の罪をわびること。ふかくあやまること。③（副詞的に用いて）へりくだって他人に願う気持を表わすのに用いる語。どうか。	＊芝軒吟藁〔1719〕移居「殷勤多謝東家竹、分得清陰便到門」
拝謝	つつしんで礼をいうこと。うやうやしく感謝すること。	＊色葉字類抄〔1177〜81〕「拝謝 ハイシャ 対面詞」
万謝	①深く感謝すること。ていねいに礼をいうこと。深謝。②深くわびること	＊白石先生手簡〔1725頃〕八「御便に幾重にもよろしく奉頼候。万謝、明日奉期拝謁候」
鳴謝	深く礼を述べること。	記述なし
御礼	①恩恵または贈り物を受けたのに対して、感謝の意を表わすこと。そのことば。また、その気持を表わすための金品や行為。②あいさつ。③江戸時代、在府の大名が、毎月一日、一五日、二八日の月次（つきなみ）、および大礼の日に登城して将軍に拝謁すること。④お目見え。	＊虎明本狂言・鍋八撥〔室町末〜近世初〕「『只今はばちをおかしやって満足いたす』『おれいまでもおじゃるまひ』」
御厚礼	記述なし	記述なし

を述べる」「感謝する」の語釈がなされている。「感銘・肝銘」は主に「忘れられない」「感動する」の意味を有するが、例文では「フカクアリガタガルコト」の解釈がなされているため、感謝を表す漢語に入れる。

ここで注目すべきは「謹謝」「御厚礼」の二語が『日本国語大辞典 第二版』に記述がないことである。「鳴謝」の初出例についても記載がない。この三語は戦前の商用文あるいは書簡文における漢語であるが、当時、別のジャンルで使われていた可能性がある。実際に、筆者が調べた限りでは、同時代の雑誌コーパス『太陽コーパス』では「謹謝」と「鳴謝」の例が見られる。

全体的に、各漢語の感謝表現の語釈に共通している部分があり、初出例が近世以降のものが多い。次に、上述の表に基づいて近現代商用文における漢語の感謝表現の使用状況を考察する。

3.2 漢語の感謝表現の使用状況

まずは、近現代商用文における感謝表現の総数と漢語・和語の感謝表現の用例の延べ語数とそれぞれの使用率を次ページの表2に示す。(注3)

漢語の感謝表現使用率と年代の変化の関係を見ると、最低38％、最高61％で急激な変化がなく、年代による大きな違いが見られない。使用率が50％以上を超える文例集が10冊、更に60％以上を超える文例集が3冊という結果から、漢語の感謝表現が商用文例集に多用されることが明らかである。

文体と漢語の感謝表現の使用率の関係について、候文を扱う文例集はそれぞれ38％、50％、53％、46％、55％であり、口語文を扱う文例集はそれぞれ60％、60％、56％、61％、55％である。候文、口語文両方を扱う文例集は53％、58％である。文体ごとの漢語の感謝表現使用率の平均値は候文、48％、口語文、58％、候文＋口語文、55％である。貝（1988）の調査の候文、口語文それぞれの漢字使用率とは逆に、口語文の漢語の感謝表現の使用率は候文を上回ることがわかる。したがって、漢語が多く使われる候文では漢語の感謝表現が必ずしも多用されるとは限らないと推測できる。また、商用文において感謝表現を用いる文書の種類が時代の変化につれて増加してきた可能性も指摘できる。

表2 近現代商用文における漢語の感謝表現

※候＝候文、口＝口語文、文例集の番号は調査資料を参照。
※感謝表現総数は漢語類以外に、和語の感謝表現や事実叙述、喜びや謝罪の意を表すすべての感謝表現を含む。和語の感謝表現は「ありがたい」「かたじけない」とその派生形を含む。

年代	文例集	文体	感謝表現総数	漢語感謝表現数	漢語感謝表現使用率(%)	和語感謝表現数	和語感謝表現使用率(%)
明治40	①	候	26	10	38	7	27
大正3	②	候、口	109	54	50	26	24
4	③	候	249	131	53	76	31
6	④	候	154	71	46	57	37
11	⑤	口	55	33	60	13	24
15	⑥	候	217	120	55	78	36
昭和11	⑦	候、口	130	69	53	44	34
29	⑧	候、口	127	74	58	39	31
30	⑨	口	237	142	60	77	32
43	⑩	口	477	268	56	120	25
53	⑪	口	276	167	61	69	25
61	⑫	口	189	104	55	56	30

図1 漢語の感謝表現と和語の感謝表現の使用率

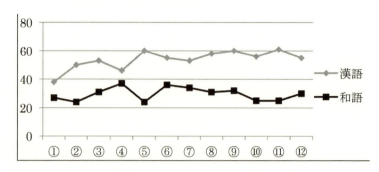

※縦軸＝使用率(%)、横軸＝文例集番号

　次に、漢語感謝表現と和語感謝表現使用率の関係に注目する。全体の使用率を図1に示す。

　図1によると、漢語の感謝表現は和語の感謝表現を全体的に上回っており、年代による急激な変化は見られない。ところが、各文例集の感謝表現の内訳を見ると、感謝表現「(お/御)礼」の定型化が漢語感謝表現の使用率を大きく左右していることが認められる。

　ここで漢語「(お/御)礼」の和語化について先に論じておく。「(お/御)礼」という漢語は中国古代語から伝来したと思われるが、様々な意味を持つ語として日本の言語文化にある程度影響を与えている。「礼法」「礼儀」などの漢語が現代でもよく見られるが、「(お/御)礼」の感謝表現としての用法は古くから「礼を言う」のような慣用的用法があり、現代では敬語接頭辞「お」を伴い謙譲語「申上げる」を下接させて「お礼申し上げます」のように定型化している。このような定型化によって現代日本語における「(お/御)礼」への漢語意識が弱まっているとも考えられる。漢語の感謝表現と和語の感謝表現を比較するには「(お/御)礼」という語の存在はその結果を大きく左右することが予想される。実際に本章の調査で「(お/御)礼」を単独に分けると、以下の図が得られる。

図2　漢語「(お/御)礼」の定型化の漢語感謝表現使用率への影響

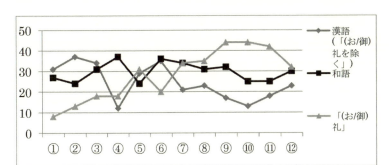

※縦軸＝使用率(%)、横軸＝文例集番号

　図2によれば、「(お/御)礼」以外の漢語の使用率は減少の趨勢を示している。「(お/御)礼」の使用は次第に頻繁になり、和語の感謝表現と「(お/御)礼」の使用が主流の感謝表現になる。両者合わせて昭和以降の文例集ではすべて6割以上の使用率を保っている。

　ところが、近代の「(お/御)礼」の定型化は完全に定着しているとは言えない。近代における感謝表現の定型化までの経緯は複雑で、簡単な感謝表現の出現数の分析ではその全貌を見ることが困難である。近代では「お礼申し上げる」(お礼申し上ぐ)以外に「お礼を申し述べる」「お礼の言葉もない」のような表現があり、さらに「ありがたくお礼申上げる」のような「ありがたい」と共起する用法が多数であった。「ありがたくお礼申上げる」は昭和末までの商用文例集に多く見られるが、現代では「厚くお礼申上げる」が主流であり、「(お/御)礼」の使用は完全に「ありがとう」類と切り離され、それぞれ定型化を果している。。また、商用文およびビジネス文書における「(お/御)礼」の定型化の経緯を究明するには商用文での歴史的変遷を整理し、「ありがとう」、「かたじけない」のような和語の感謝表現と比較する必要がある。

3.3 文書の種類と漢語の感謝表現の形式

次に漢語表現ごとに、実際の用例を挙げながら漢語の感謝表現の用法を具体的に分析していく。まずは本章で調査した商用文例集における漢語の感謝表現と文書の種類の内訳を表3にまとめておく。

表3によると、使用例の少ない漢語の文書の種類にはばらつきが見られる。例えば「鳴謝」のみは、披露状、照会状、周旋状、祝賀状、勧誘状、承諾状、通知状、請求状、拒絶状、予告状、招待状、確認状で使われる。また、同じ種類の文書で多様な漢語表現を用いる例もある一方で、同じ漢語表現が多様な種類の文書で使用されるなど、著者による個人差の影響が強く認められる。

表3　漢語の感謝表現の出現数と文書の種類の内訳

※ [ ] 内は延べ語数
※文書の種類は著者によって異なることがある。「種類不明」の文書はタイトルと内容を確認できない文書である。

文例集	内訳	文書の種類
①	感謝 [2]	披露状 [2]
	鳴謝 [2]	披露状 [1]、種類不明 [1]
	謝 [3]	披露状 [1]、通知状 [1]、注文状 [1]
	幸甚 [1]	披露状 [1]
	(お/御) 礼 [2]	披露状 [2]
②	拝謝 [2]	協議状 [1]、通知状 [1]
	感激 [1]	注意状 [1]
	感銘 [1]	披露状 [1]
	感佩 [2]	祝賀状 [1]、見舞状 [1]
	感謝 [12]	披露状 [1]、感謝状 [4]、依頼状 [1]、交渉状 [1]、弁解状 [1]、報告状 [1]、挨拶状 [1]、種類不明 [2]
	厚謝 [1]	披露状 [1]
	鳴謝 [2]	感謝状 [1]、照会状 [1]
	深謝 [3]	周旋状 [1]、協議状 [1]、陳謝状 [1]

第四章　近現代商用文における漢語の感謝表現について　　127

	万謝 [2]	感謝状 [1]、種類不明 [1]
	謝 [5]	承諾状 [2]、弁解状 [1]、返文 [1]、種類不明 [1]
	幸甚 [9]	見舞状 [1]、命令状 [1]、依頼状 [2]、交渉状 [1]、協議状 [1]、拒絶状 [1]、承諾状 [1]、種類不明 [1]
	(御) 厚礼 [1]	勧誘状 [1]
	(お/御) 礼 [13]	披露状 [3]、通知状 [1]、感謝状 [5]、陳謝状 [1]、申込状 [1]、協議状 [1]、種類不明 [1]
③	拝謝 [12]	披露状 [4]、見舞状 [1]、案内状 [1]、命令状 [1]、感謝状 [4]、弁解状 [1]
	感激 [3]	推薦状 [1]、感謝状 [1]、陳謝状 [1]
	感銘 [8]	披露状 [3]、祝賀状 [1]、見舞状 [1]、案内状 [1]、感謝状 [1]、依頼状 [1]
	感佩 [2]	見舞状 [1]、感謝状 [1]
	感謝 [20]	披露状 [7]、周旋状 [1]、案内状 [3]、感謝状 [7]、拒絶状 [1]、陳謝状 [1]
	謹謝 [1]	案内状 [1]
	鳴謝 [10]	披露状 [3]、周旋状 [1]、祝賀状 [1]、感謝状 [3]、勧誘状 [1]、承諾状 [1]
	深謝 [15]	披露状 [3]、通知状 [3]、周旋状 [2]、感謝状 [4]、拒絶状 [3]
	万謝 [7]	通知状 [1]、感謝状 [4]、請求状 [1]、承諾状 [1]
	謝 [1]	承諾状 [1]
	謝恩 [1]	披露状 [1]
	謝意 [1]	案内状 [1]
	幸甚 [3]	祝賀状 [1]、案内状 [1]、依頼状 [1]
	(御) 厚礼 [7]	周旋状 [1]、祝賀状 [1]、感謝状 [4]、照会状 [1]
	(お/御) 礼 [40]	披露状 [7]、通知状 [2]、周旋状 [1]、祝賀状 [1]、感謝状 [21]、依頼状 [2]、照会状 [1]、承諾状 [1]、拒絶状 [2]、陳謝状 [1]、報告状 [1]
④	拝謝 [7]	披露状 [4]、協議状 [1]、命令状 [1]、見舞状 [1]
	感銘 [3]	披露状 [3]
	感佩 [2]	通知状 [1]、感謝状 [1]
	感謝 [12]	披露状 [5]、依頼状 [2]、交渉状 [1]、勧誘状 [1]、案内状 [1]、見舞状 [1]、推薦状 [1]
	鳴謝 [5]	通知状 [1]、披露状 [1]、照会状 [1]、請求状 [1]、祝賀状 [1]
	深謝 [6]	通知状 [1]、披露状 [2]、拒絶状 [1]、協議状 [1]、周旋状 [1]
	万謝 [2]	披露状 [1]、承諾状 [1]
	謝 [4]	承諾状 [1]、拒絶状 [1]、陳謝状 [1]、弁解状 [1]
	謝意 [1]	推薦状 [1]
	幸甚 [2]	依頼状 [1]、協議状 [1]

	(御) 厚礼 [9]	注文状 [1]、通知状 [2]、披露状 [2]、依頼状 [1]、勧誘状 [1]、感謝状 [2]
	(お／御) 礼 [18]	通知状 [1]、披露状 [7]、依頼状 [1]、承諾状 [1]、拒絶状 [3]、照会状 [1]、請求状 [1]、交渉状 [1]、感謝状 [2]
⑤	感銘 [1]	挨拶状 [1]
	感謝 [9]	委託状 [1]、感謝状 [5]、交渉状 [2]、報告状 [1]
	深謝 [1]	感謝状 [1]
	謝 [2]	委託状 [1]、感謝状 [1]
	謝意 [1]	感謝状 [1]
	幸甚 [2]	照会状 [1]、忠告状 [1]
	(御) 厚礼 [1]	感謝状 [1]
	(お／御) 礼 [16]	披露状 [3]、注文状 [1]、承諾状 [2]、請求状 [1]、拒絶状 [2]、感謝状 [6]、忠告状 [1]
⑥	拝謝 [6]	感謝状 [1]、督促状 [1]、通知状 [2]、依頼状 [1]、陳謝状 [1]
	多謝 [2]	陳謝状 [1]、勧誘状 [1]
	感激 [3]	披露状 [1]、説明状 [1]、依頼状 [1]
	感銘 [6]	披露状 [3]、請求状 [1]、挨拶状 [2]
	感佩 [2]	通知状 [1]、弁解状 [1]
	感謝 [19]	披露状 [3]、陳謝状 [1]、請求状 [1]、受取状 [1]、通知状 [1]、相談状 [1]、反駁状 [1]、報告状 [2]、依頼状 [1]、案内状 [1]、勧誘状 [3]、感謝状 [1]、依頼状 [1]、挨拶状 [1]
	鳴謝 [6]	披露状 [1]、拒絶状 [1]、予告状 [1]、通知状 [2]、勧誘状 [1]
	深謝 [11]	披露状 [1]、依頼状 [2]、謝罪状 [1]、請求状 [2]、通知状 [3]、報告状 [1]、感謝状 [1]
	万謝 [2]	通知状 [1]、請求状 [1]
	謝 [13]	拒絶状 [1]、勧誘状 [2]、承諾状 [1]、注文状 [1]、通知状 [2]、請求状 [2]、受取状 [1]、予告状 [1]、感謝状 [2]
	謝意 [2]	勧誘状 [1]、感謝状 [1]
	幸甚 [5]	追及状 [2]、通知状 [1]、照会状 [1]、紹介状 [1]
	(御) 厚礼 [7]	見積書 [1]、依頼状 [1]、請求状 [1]、受取状 [1]、報告状 [1]、挨拶状 [1]、感謝状 [1]
	(お／御) 礼 [36]	披露状 [5]、感謝状 [8]、祝賀状 [1]、勧誘状 [2]、注意状 [1]、通知状 [4]、注文引受 [2]、請求状 [1]、受取状 [3]、依頼状 [1]、陳謝状 [2]、案内状返事 [1]、照会状 [1]、確認状 [1]、拒絶状 [1]、挨拶状 [1]

第四章　近現代商用文における漢語の感謝表現について　　129

⑦	感激 [2]	感謝状 [1]、協議状 [1]
	感銘 [2]	感謝状 [2]
	感佩 [1]	招待状 [1]
	感謝 [12]	招待状 [1]、通知状 [1]、勧誘状 [1]、案内状 [1]、感謝状 [3]、挨拶状 [2]、陳謝状 [1]、拒絶状 [1]、報告状 [1]
	鳴謝 [2]	招待状 [1]、確認状 [1]
	深謝 [5]	照会状 [1]、勧誘状 [1]、感謝状 [1]、挨拶状 [1]、陳謝状
	幸甚 [3]	忠告状 [1]、勧誘状 [1]、案内状 [1]
	(お/御)礼 [42]	依頼状 [1]、招待状 [1]、通知状 [8]、贈呈状 [1]、見舞状 [1]、勧誘状 [4]、追及状 [1]、案内状 [1]、催促状 [1]、請求状 [1]、感謝状 [12]、挨拶状 [7]、拒絶状 [2]、確認状 [1]
⑧	感激 [2]	予告状 [1]、拒絶状 [1]
	感謝 [17]	披露状 [1]、注文状 [1]、勧誘状 [1]、追及状 [1]、依頼状 [1]、通知状 [3]、請求状 [1]、感謝状 [3]、陳謝状 [1]、年賀状 [1]、見舞状 [1]、種類不明 [2]
	深謝 [3]	通知状 [1]、受取状 [1]、挨拶状 [1]
	謝 [1]	感謝状 [1]
	謝意 [1]	挨拶状 [1]
	幸甚 [5]	追及状 [1]、照会状 [1]、通知状 [1]、紹介状 [1]、種類不明 [1]
	(御)厚礼 [8]	通知状 [1]、見積状 [1]、依頼状 [1]、照会状 [1]、注文受書 [1]、案内状 [1]、確認状 [1]
	(お/御)礼 [37]	予告状 [2]、照会状 [3]、披露状 [2]、依頼状 [1]、勧誘状 [2]、追及状 [2]、依頼状 [1]、照会状 [1]、返事 [2]、注意状 [1]、返品状 [1]、受取状 [1]、引受書 [1]、確認状 [2]、請求状 [1]、通知状 [1]、感謝 [6]、挨拶状 [5]、見舞状 [2]
⑨	拝謝 [2]	哀弔状 [1]、感謝状 [1]
	肝銘 [3]	披露状 [1]、見舞状 [1]、感謝状 [1]
	感激 [5]	披露状 [2]、案内状 [1]、見舞状 [1]、感謝状 [1]
	感謝 [24]	披露状 [6]、祝賀状 [1]、感謝状 [5]、通知状 [2]、照会状 [1]、依頼状 [1]、勧誘状 [1]、督促状 [1]、承諾状 [2]、拒絶状 [1]、陳謝状 [1]、報告状 [2]
	深謝 [5]	披露状 [2]、哀弔状 [1]、通知状 [1]、依頼状 [1]
	幸甚 [3]	感謝状 [1]、照会状 [1]、忠告状 [1]
	(御)厚礼 [5]	案内状 [1]、感謝状 [3]、請求状 [1]

	（お/御）礼 [97]	披露状 [13]、案内状 [5]、見舞状 [1]、哀弔状 [2]、感謝状 [20]、通知状 [21]、照会状 [3]、注文状 [2]、依頼状 [10]、勧誘状 [6]、請求状 [3]、督促状 [5]、承諾状 [1]、拒絶状 [1]、反駁状 [1]、陳謝状 [3]
⑩	感激 [1]	お礼 [1]
	感銘 [1]	挨拶 [1]
	感謝 [44]	申込 [1]、通知 [3]、請求 [1]、勧誘 [1]、依頼 [3]、交渉 [2]、お詫び [1]、お礼 [7]、断り [6]、年賀状 [4]、見舞い [2]、お祝い [5]、案内 [5]、挨拶 [3]
	深謝 [8]	注文 [1]、お礼 [1]、お悔み [5]、挨拶 [1]
	謝意 [1]	案内 [1]
	幸甚 [5]	照会 [1]、申込 [2]、お詫び [1]、お礼 [1]
	（お/御）礼 [208]	照会 [11]、申込 [3]、注文 [2]、通知 [46]、請求 [3]、催促 [4]、紹介 [5]、勧誘 [2]、依頼 [25]、交渉 [4]、抗議 [5]、お詫び [3]、お礼 [28]、断り [9]、種類不明 [2]、年賀状 [2]、見舞い [7]、お祝い [7]、お悔み [8]、案内 [7]、挨拶 [26]
⑪	感激 [3]	お祝い [1]、年賀状 [2]
	感謝 [27]	年賀状 [5]、挨拶 [3]、案内 [3]、通知 [4]、依頼 [1]、お礼 [7]、拒絶 [3]、追及 [1]
	深謝 [14]	見舞い [3]、弔慰 [2]、挨拶 [1]、通知 [2]、注文 [1]、請求 [2]、拒絶 [3]
	謝恩 [1]	通知 [1]
	幸甚 [5]	見舞い [1]、申込 [1]、紹介 [1]、お礼 [1]、拒絶 [1]
	（御）厚礼 [1]	お礼 [1]
	（お/御）礼 [116]	お祝い [3]、年賀状 [4]、見舞い [7]、弔慰 [9]、挨拶 [13]、案内 [2]、通知 [21]、照会 [4]、注文 [6]、依頼 [5]、請求 [9]、お礼 [23]、陳謝 [2]、承諾 [2]、案内 [1]、販売 [1]、拒絶 [1]、勧誘 [2]、追及 [1]
⑫	感激 [2]	挨拶 [2]
	感謝 [18]	挨拶 [3]、案内 [1]、通知 [2]、陳謝 [1]、勧誘 [1]、謝絶 [3]、見舞 [1]、弔事 [3]、年賀状 [3]
	深謝 [14]	挨拶 [4]、通知 [2]、依頼 [1]、申込 [1]、請求 [1]、謝礼 [1]、弔事 [4]
	謝 [1]	弔事 [1]
	謝恩 [1]	案内 [1]
	謝意 [1]	注文受状 [1]
	幸甚 [6]	照会 [1]、申込 [1]、照会 [1]、協議 [1]、勧誘 [1]、謝絶 [1]
	（お/御）礼 [61]	挨拶 [9]、案内 [1]、招待 [2]、照会 [1]、通知 [7]、依頼 [1]、申込 [1]、承諾 [4]、請求 [2]、紹介 [2]、謝礼 [1]、弁解 [1]、陳謝 [1]、協議 [1]、勧誘 [2]、謝絶 [4]、見舞 [5]、弔事 [11]、年賀状 [5]

また、「謹謝」は文例集③の案内状、「多謝」は文例集⑥の陳謝状、勧誘状で用いられ、その他の文例集では用例が見られない。戦前の文例集(①〜⑦)に使われる「鳴謝」「感佩」「厚謝」「万謝」「謹謝」「多謝」は戦後以降、全く使われなくなり、実際に「現代日本語書き言葉均衡コーパス(BCCWJ)」で調べたところ、このような感謝表現はほとんど死語になり(注4)、現代のビジネス文書にも見られず、史的変遷が認められる。「感謝」「(お/御)礼」などの表現は現代でも多用され、漢語の感謝表現として定着している。「深謝」は商用文でそこそこ用例があるが、BCCWJではわずか16例見られるにすぎない。商用文やビジネス文書で多用される表現であると言えよう。

表4　BCCWJにおける漢語の感謝表現

順位	数	漢語
1	4748	感謝
2	1913	(お/御)礼
3	971	感激
4	344	感銘
5	67	謝意
6	37	謝恩
7	30	謝(する)
8	28	幸甚
9	16	深謝
10	9	多謝
11	5	拝謝
12	0	感佩、肝銘、謹謝、厚謝、万謝、鳴謝、(御)厚礼

具体的な用例を幾つかを挙げる。
(1) 來る十月二十九日午後三時より丸之内帝国ホテルに於て右御披露旁既往に於ける御高恩を<u>謹謝し</u>併せて將來倍舊の御愛顧御引立に預り度希望を以て小宴相催し度候

(活きて働く商用書簡文 (大正 4) p419 案内状)

(2) 陳者弊店儀永年の間特別の御引立を蒙り候段難有<u>奉厚謝候</u>

(最新商用文精義 (大正 3) p397 披露状)

(3) 茲に謹んで貴殿の御寛諒を<u>多謝し</u>併せて江湖に謝罪仕候也

(新時代の商業文範 (大正 15) p142 陳謝状)

(4) 毎度御引立に預り<u>奉萬謝候</u>

(模範商用書簡文 (大正 6) p441 承諾状)

(5) 茲に營業譲渡に際し謹て從來の御厚誼を<u>奉鳴謝候也</u>

(現代商業文指鍼 (明治 40) p48 種類不明)

(6) 舊年には一方ならぬ御愛顧を蒙り御蔭様を以て業務日に隆盛に赴き候段<u>深く奉感佩候</u>

(最新商用文精義 (大正 3) p441 祝賀状)

(1)〜(6) は戦前の候文の用例である。「〜奉○○候」の形式は一般的である。

用例が少ない漢語の中で、戦後でも使われる漢語には「謝」「拝謝」「謝意」「謝恩」「感激」「感銘 (肝銘)」「幸甚」「(御) 厚礼」がある。

「拝謝」は戦後の文例集⑨でわずか 2 例しか見られず、著者の個人的な好みの可能性がある。

(7) 先は多年の御厚誼<u>拝謝</u>旁此段御通知申上候

(活きて働く商業書簡文 (大正 4) p230 披露状)

(8) ここに謹んで生前の御交誼を<u>拝謝し</u>御通知申上げます

(新版商業文 (昭和 30) p145 哀弔状)

「感激」は戦前に「感激の至り」「感激不堪」のような用法があり、戦後の口語文では「感激に堪えません」「感激の至り」以外に「生涯の感激」「深

い感激の念」などの用法がある。

(9) 殊に不當金牌濫用事件の發生以來微力ながら正義の輿論を體し業界廓清の爲め弊店の奮起するや皷舞激勵有力なる御後援を賜はり眞に<u>感激に堪へざる次第に候</u>

(活きて働く商業書簡文 (大正4) p698 陳謝状)

(10) 私にとりまして、<u>まさに生涯の感激であり、</u>身に余る光栄と存ずる次第であります

(すぐに役立つ商業文作成の手引 (昭和61) p44 挨拶)

「感銘」は戦前、主に「感銘罷在候」「深く感銘仕候」の形式で使われ、戦後の口語文では「感銘の至り」「深く肝銘いたしております」などのように用いられる。

(11) 陳れば近來美術趣味の普及に連れ業務追々繁昌の域に進み益々擴張の必要を見るに至り候は偏に大方諸彦の御懇切なる御厚情の賜物と<u>深く感銘罷在候</u>

(模範商用書簡文 (大正6) p376 披露状)

(12) 一方ナラヌ御厚情ニアヅカリ<u>感銘ニ堪ヘナイ次第デゴザイマス</u>

(口語体商用文 (大正11) p26 挨拶状)

「感銘」と「感激」または戦前の「感佩」は同じ軸字「感○」を用い、感謝の意を表出すると共に「忘れない」や「感動」という話し手の感情を表すはたらきがある。しばしば相手に大袈裟と受け取られるかもしれない。実際に、昭和以降のビジネス文書の文例集では、この三語の使用はほとんどなくなっている。

他に「謝」「謝意」「謝恩」の用法は戦前・戦後で大きな違いが見られない。

(13) 右は貴商会の設計製作の優良なる結果と<u>深く奉謝候</u>

(商業作文の知識 (昭和29) p284 感謝状)

(14) ここに生前のご厚誼を<u>謝し</u>謹んでご通知申上げます

(すぐに役立つ商業文作成の手引 (昭和61) p216 弔事)

(15) 貴下を始め大方御愛顧諸彦の御厚情に對し<u>満腔の謝意を表し申候</u>

(16) 就いては此三周年に際し御得意様年來の御厚情に酬ゐ聊か<u>謝恩の意を表し</u>且つ之を記念せん爲め一大奮發仕り左の如き破天荒の大賣出相催し候

(模範商用書簡文 (大正 6) p579 推薦状)

(17) 一夕氏への<u>謝恩の微意</u>をこめて送別の会を催したいと思います

(活きて働く商業書簡文 (大正 4) p242 披露状)

(すぐに役立つ商業文作成の手引 (昭和 61) p71 案内)

「謝意」は「謝意を表す」の形式で見られる。「謝恩」は「謝恩の意」「謝恩の念」「謝恩の微意」など「謝意」と類似する形式で用いられる。

また、「幸甚」について、『日本国語大辞典 第二版』の語釈のように、主に手紙文で用いられると思われることから、現代日本語では、「幸甚」が用いられる場合はかなり限定されている。商用文では他人に依頼する文書で多く使われる。次のように

(18) 更に今一度御通覧の榮に預り候上何物かに就て一言御照會の勞を<u>賜はらば誠に</u>幸甚<u>の至に奉存候</u>

(新時代の商業文範 (大正 15) p210 追及状)

「…賜はらば誠に幸甚」のような条件表現との共起が慣用的な用法である。商用文では同じ場合で「幸い」「欣幸」「仕合せ」「幸栄」などの光栄、喜びの気持ちを表す表現と置き換えられるが、「幸甚」のみ「ありがたい」の意を含むため、気持ちの表出より、感謝の意の表出に重点が置かれると言えよう。

また、幸甚について服部嘉香著『最新商用文精義』(大正 3)(92 頁) では次のような誤用例を挙げている。

右何分ともに宜敷御願申上度御快諾下され候はゞ<u>難有く存ずべく候</u>

(最新商用文精義 (大正 3) p92)

これに対する批評として、

是は別に惡意がある譯でも無いが考へやうによつては人を馬鹿にした書き方である。即ち表の意味は、承知してくれゝば難有く思つてや

るといふので、裏には、承知してくれなければ難有く思はないとの意味が隱れてゐる。アメリカ式の、テキハキした所があるのかもしれないが、第二者には餘り好い感じを與へない。(中略)「御快諾被下候はゞ幸甚に奉存候」とでもすれば、立派な慣用語法で、これにも表裏の二義はあるが承知してくれないならば幸甚とは思はないといふ裏の意味が露骨に出てゐない。(下略)(92頁)

と他の曖昧な感謝表現を用いず、慣用語の「幸甚」の使用によって他の意味と区別し、「幸甚」の機能を明確にしている。戦前と戦後の商用文における「幸甚」の用法は大きな変化がなく、安定した慣用語として働いている。

商用文で多く使われる漢語の感謝表現は「感謝」「深謝」「(お/御)礼」である。三語とも社外文書、社交文書で幅広く使われる。「感謝」「深謝」用例としては、

(19) 弊店從來不一方御愛顧を以て日に増し相榮へ候段深く奉感謝候
(現代商業文指鍼(明治40) p87 披露状)

(20) 小生儀小川寫眞館營業中は多年御愛顧を蒙り奉深謝候
(新時代の商業文範(大正15) p130 披露状)

のような戦前の「披露状」「感謝状」などの文書で多用される。戦後、「感謝」は社外、社交の多くの文書で「感謝いたします」「感謝いたしております」のような形式で定着している。「深謝」は「深く感謝」と置き換えられるが、「哀弔」「悔み」のような重々しい文書での使用が目立つ。

(21) さて、今般当店開店に際しましては、御丁重な御祝詞並びに御祝品を頂戴いたし、御芳情のほど深く感謝いたします
(現代商業文の書き方(昭和53) p169 お礼)

(22) ここに生前のご厚誼を深謝し謹んでご通知申しあげます
(すぐ書ける模範商業文500選(昭和43) p251 お悔み)

多く使われる漢語表現「感謝」は「感」と「謝」の結合で構成されることから、相手に対する感謝そのものの表出が妥当であり、現代のビジネス文書でも多用される。

また、「(お/御)礼」について、前述の通りにすでに定型化し、商用文における用例は、

(23)　本日当該通知票正に入手仕候此段不取敢御礼申上度如斯に御座候
（商業作文の知識（昭和29) p265 受取状）

のような書状の末文に文書を締めくくる機能を持つ例が多く見られる。

(24)　毎度格別の御引立を蒙り忝く御厚禮申上候
（新時代の商業文範（大正15) p307 報告状）

　このように、「御礼」にさらに「厚」を加えることによって敬意を高める漢語が商用文に見られる。現代では「厚くお礼申し上げます」のような慣用的表現があるが、「厚礼」という二字漢語はすでに使われていない。服部嘉香編纂の商用文例集では「御厚礼」がかなり好まれている。

　表3で示したように、「(お/御)礼」の用法は昭和末期から次第に広がっているが、その原因としては商用文自体が扱うジャンルの増加と、「(お/御)礼」の感謝そのものを表す語としての定型化の過程に密接に関わっていることが考えられる。

4　おわりに

　以上、戦前と戦後の商用文例集12冊における漢語の感謝表現の使用状況と形式を考察した。明治末期〜昭和戦前期、昭和戦後期という長期間に亘って、漢語の感謝表現の種類と形式は変化してきた。近代の漢字の制限・廃止など漢字をめぐる様々の議論の中で、商用文における漢語の感謝表現はバラエティーが見られる一方で、戦後期ではその種類が減少し、定型表現の使用が目立ってきた。

　現代のビジネス文書は重々しい表現を用いて作成されるため、漢語の感謝表現はまだまだ用いられると考えられる。しかし、ビジネスメールなどの伝達性・簡潔性が重視される傾向が近年、ビジネス活動で多く見られるようになってきた。ビジネス日本語における感謝表現のあり方はまた、時

代に応じた変化を示してくれるであろう。

(注)

(注1)　飛田 (1988)、4頁。
(注2)　江川 (1989)、80頁。
(注3)　研究対象について、語義に感謝そのものを表出する漢語のみ取り上げる。また、誤用例は入れない。
(注4)　「多謝」の使用はまだ見られるが、ブログなどの特定な場面で使われる。「拝謝」は戦後の文例集⑨に2例見られ、個人の好みであると言えよう。また、BCCWJにおける「拝謝」用例はすべて歴史小説の用例である。

第五章　近現代商用文における感謝表現
　　　―「かたじけない」の消滅について―

1　はじめに

　ビジネス文書は日本の企業文化であり、ビジネス文書とその前身と認められる商用文はすでに150年以上の歴史を持ち、多数出版された文例集は文書史とビジネス日本語を研究する有益な資料である。

　ビジネス文書において感謝、断り、依頼などの文書で多用される「ありがとう」と「恐縮」はそれぞれ独自の意味を持ち、現代に至り定型化を果たしているが、それ以前、商用文が活字化される明治末期から、感謝と恐縮の両方の意味を持つ「かたじけない」の使用が目立つ。しかし、「かたじけない」は現代のビジネス日本語において完全に消滅し、「かたじけない」と他の感謝表現の区別や現代の感謝表現への影響が不明であるが、それについての先行研究もほとんど見当たらない。本研究はビジネス文書における感謝表現の歴史的変遷を明らかにし、ビジネス日本語における感謝表現の用語の変化を探る。

2　先行研究と調査方法

2.1　「かたじけない」の語釈

　感謝表現としての「かたじけない」は感謝の意と恐縮の意の両方を表せる語である。その歴史は長く、上位者に対して感謝と恐縮の気持ちを表す語として、中世・近世の文学作品から多くの使用例が確認できる。

まずは「かたじけない」の意味について考える。

『日本国語大辞典　第二版』の記述を挙げると、「かたじけない」は以下の三つの意味を持つ。

① 高貴なものが、いやしいものに接していることがもったいない。おそれ多い。恐縮だ。申しわけない。
② 尊ぶべきものと比べて恥ずかしい。わが身が面目ない。
③ 分に過ぎた恩恵や好意、親切を受けて、ありがたくうれしい。もったいない。

『日本国語大辞典　第二版』によると、「かたじけない」は「恐縮」「もったいない」「感謝」などの意を持ち、実際の使用ではいくつかの意味が同時に含まれ、話し手の微妙な心理を表すことができる。

「かたじけない」の用法については『日本国語大辞典　第二版』では語誌について以下の記述がある。

　「源氏物語」では、上位者への恐縮や感謝の気持を表わすが、「かしこし」ほど畏敬の念は強くない。この語は「かしこし」ほどには、時代とともに敬意の程度が低まることはなかったが、狂言では、「ありがたい」がより敬意の高い語として用いられるようになる。

　近世、大坂では、「ありがたい」という言い方はあまりなく、「かたじけない」を上位者に対して使っていたが、江戸では下位者に対してだけ使われたという。

商用文または現代のビジネス日本語においては、上述の①〜③の意味と重なる語として、恐縮・謝罪の意を表す「お詫び申し上げる」「恐縮する」「痛み入る」「憚りながら」と、感謝を表す「ありがたい」「お礼申上げる」などの表現が確認できる。「かたじけない」が商用文においてどのような位置を占めているかを究明するために、それぞれの使い分けを整理する必要がある。

2.2 「かたじけない」に関する研究

現代語では、「かたじけない」は一般的には用いられず、歴史を題材とする文学作品や時代劇などの中で歴史的人物の言葉を表現する役割語として存在している。また、方言で「おかたじけない」のような表現が見られるが、共通語における「かたじけない」は完全に消滅している。これらの原因によって、現代語を対象とした先行研究は見当たらず、古典語と近代語の資料を対象とする研究は、藤原(1994)、柳田(1966)などがある。

藤原(1994)は平安和文を資料として、平安貴族社会における感謝をめぐり、待遇表現のあり方を考察している。話し手と相手の親・疎、上・下の関係によって、また公・私の場面によって、一定の規則があり、類型化が可能であるとして、以下の四段階を設定している。

A　相手に対する配慮が不要な場合には、相手の行為の評価が行なわれる。

B　相手との感情的なつながりがある場合には、自分自身の心情を表明する。

C　相手に対する配慮が必要な場合には、相手に対する感情を表明する。

D　相手の社会的な立場を強く意識する場合には、相手に対する畏敬の念を表明する。

上述のそれぞれ代表的な表現形式を待遇的敬意の度合いの高い順に並べると、次のようになる。

　　　　(高)　かしこしーかたじけなしーうれしーよし(低)

平安時代の感謝表現は、このように当時の貴族社会の人間関係を反映し、階級社会の社会意識の一面を見ることができる。さらに「かたじけない」はこの時代、上位者に対する感謝表現として類型化され、以降、定型表現になりつつある。また、平安時代は現代語の「ありがとうございます」のような定型用法が存在しておらず、「ありがたい」と「かたじけない」の定型化は中世以降になると認められる。

和語の感謝表現と言えば、「ありがたい」と「かたじけない」は最も多く挙げられるであろう。両語の比較研究は感謝表現の変遷を究明する上で

重要な課題である。両語の敬意の度合いと使い分けについては不明な所が多く、それに関する研究も少ない。柳田 (1966) は大蔵流狂言における「忝い」と「有難い」の使い分けをまとめ、近世における感謝表現の使用実態を考察している。室町時代では、感謝表現の「忝い」と「有難い」は敬意度の高い文脈に用いられている。また、目下の者に対して用いられることが少ない。具体的に、対神仏は主に「有難い」が用いられており、「忝い」は用いられていない。対人の場合は両語とも高い敬意の表現として用いられているが、上下関係の開きが小さい場合は「忝い」が多く用いられる。全体からみれば、「有難い」は「忝い」より敬意度が高い。しかし、前述の藤原 (1994) の通り、「かたじけない」はもともと敬意度の高い語であり、「忝い」の敬意度の低減と「有難い」の成立との先後関係は不明で、「忝い」の敬意度の低減が「有難い」を成立させたという可能性もあり、同時に両語相互に働きがあったかもしれない。ビジネス文書及びその前身の商用文では、文書の受け手は個人或いは会社・組織である。個人による社交的な消息往来は近代の商用文に見られるが、商業活動の組織化、会社化により、徐々に消滅している。いずれにせよ、下位者に対するこのような感謝表現が使われる場合が極端に少ない。

また、「かたじけない」と「ありがたい」の違いはそれぞれの敬意の度合いだけではない。両語の使用上の相違を考えるときに、その本来の意味を考慮に入れることが重要である。

ここで検討する両語の使用領域は、対人の使用を前提としたい。「ありがたい」の本義は「存在することが難しい」であり、そこから、尊いとかめずらしいというプラスの意味へと転化する (注1)。一方、「かたじけない」は、昔から上位者に対する畏敬の心境や恥ずかしいという内面的な感情を表す語である。つまり、「ありがたい」は相手の容姿、外見または行為への直接的な評価によって、感謝の意を表している。それに対して、「かたじけない」は発話者が好意や恩恵をもらう時に、「好意や恩恵は自分にとって恥ずかしい」、「相手が自分にしてくれたことがもったいない」という謙

遜による婉曲的な感謝表現である。荻野 (2004) は「ありがたい」と「かたじけない」を二系統の感謝表現として、それぞれ「直接認定型」と「自己謙譲型」に分類している。また、江戸時代から「ありがたい」が優勢になる原因は、

> 相手に負荷をかけたことに対して「かたじけない」と自分がへりくだる態度は、自分より目下の人に対しては取りにくい場合もあろう。しかし、どんな相手に対しても謝意を表したいこともある。その際目上目下に関係なく、恩恵を受けたことに対し、「めったにないこと」なので「感謝している」と事態を直接的に評価する「ありがたい」を使用する方が便利なのではないかと考えるのである。(39頁)

であると述べている。したがって、自己謙譲型の「かたじけない」は相手の身分や使用場面によって制限があるのではないかと考えられる。

前述の先行研究はすべて明治以前のもので、明治以降の近代という言語の変化が激しい時期に「かたじけない」と「ありがたい」はどう変わっていたのか。江戸期以降、「ありがたい」の使用は明治・大正期に更に広がり、「ありがたい」のウ音便「ありがとう」は慣用的な感謝表現として口語に定着化し始める。一方で明治・大正期では、「ありがとう」系の感謝表現以外に「かたじけない」はまだ残存している(注2)。木村 (2014) は明治・大正期における感謝表現について、

> 本来「かたじけない」は恐縮の意をもつが、相手の行為に恐縮を表明する点で感謝の意をもつようになったとされる。「ありがとう」が多用されるようになり、感謝専用の表現をして自立していく一方で、「かたじけない」「すみません」のような表現は、明治時代でも恐縮の意を保存しつつ感謝の意を取り込んでいたと思われる。(197頁)

と述べている。明治・大正期には、商用文における「ありがたい」は連用形単独で使用されるようになり、恐縮の意を表す「恐縮する」「恐れ入る」の使用も多くなった。

事実としては、近代以降、感謝表現の「かたじけない」の使用は大幅に

減少し、商業活動を反映する商用文において「ありがたい」「お礼申上げる」などが主流になる。しかし、明治後期に商用文が活字化し始める時期から、昭和末期までの100年の中で、「かたじけない」はまだまだ消滅しておらず、商用文の著者に好まれている。本章はその原因を究明するために、近現代の商用文における「かたじけない」の使用実態を明らかにする。

2.3　調査資料及び調査方法

　調査方法は明治・大正・昭和戦前期の商用文例集7冊と、昭和戦後から昭和末期までの文例集5冊の例文を取り上げ、現代のビジネス文書における感謝表現と比較しながら分析を行う。戦前の文例集の文体は候文体であり、戦後から口語文を用いる商用文例集が主流になっている(注3)。分析方法はすべての「かたじけない」を活用形ごとに例文を抽出し、それぞれの形式の違いと使い分けを考察する。

　また、現代のビジネス文書は「社外文書」「社内文書」「社交文書」に大きく分けられ、下位に「稟議書」「照会する」のような機能の違いによって、様々な種類に分類されている。近現代の商用文では「社内文書」の部分はほとんどなく、「社交文書」と「社外文書」の境界線もそれほど明確ではない。

3　近現代商用文における「かたじけない」の使用実態

3.1　表記と形式

　商用文例集における「かたじけない」は一般的に連用形の「かたじけなく」、ウ音便の「かたじけのう」とサ変複合動詞の「かたじけなくす（かたじけなうす）」の形式で用いられる。

　「かたじけない」の漢字表記は「辱」と「忝」がある。商用文ではすべての文例で「かたじけない」が漢字で表記される。また、明治以降の近代期は現代語の成立期と認められる時期であり、この時代の「かたじけない」には豊富な形式が見られる。具体的な表記と形式を表1に示す。

第五章　近現代商用文における感謝表現　　145

表1　「かたじけない」の使用実態
※（　）内は延べ語数

年代	文例集	文体	形式		文書の種類	計
			連用形	サ変複合動詞		
明治40	①	候		忝うし(1)	披露状(1)	1
大正3	②	候	忝く(2)	忝うし(2)、忝うせし(1)	推薦状(1)、周旋状(1)、依頼状(2)、なし(1)	5
4	③	候	忝く(4)、辱く(1)	辱し(1)、辱うし(1)、辱うせし(1)、辱ふする(1)	披露状(2)、通知状(1)、周旋状(1)、祝賀状(1)、案内状(2)、感謝状(5)、勧誘状(1)、承諾状(1)	14
6	④	候	忝く(4)	辱うし(1)	通知状(1)、披露状(1)、依頼状(1)、拒絶状(1)、協議状(1)	5
11	⑤	口	忝う(1)		感謝状(1)	1
15	⑥	候	忝く(5)	辱し(1)、辱うし(8)	依頼状(2)、祝賀状(1)、勧誘状(2)、通知状(3)、予告状(1)、請求状(1)、督促状(1)、報告状(1)、案内状返事(1)、推薦状(1)	14
昭和11	⑦	候、口	忝く(2)	辱うし(2)	招待状(1)、案内状(1)、請求状(1)、挨拶状(1)	4
29	⑧	候、口	忝く(3)	忝うし(2)、辱うし(2)、辱うす(1)	説明状(1)、勧誘状(2)、見積状(1)、追及状(1)、依頼状(1)、受取状(1)、挨拶状(1)	8
30	⑨	口	辱く(3)	辱うし(8)	披露状(3)、案内状(1)、見舞状(1)、哀弔状(2)、感謝状(2)、依頼状(1)、弁解状(1)	11
43	⑩	口	辱く(2)	辱くし(4)、辱くいたし(1)	お礼(1)、年賀状(1)、お祝い(1)、お悔み(2)、挨拶(2)	7
53	⑪	口	忝う(2)、忝く(1)、辱なく(1)	添うし(1)※誤、厚うし(1)※誤	照会(1)、申込(1)、陳謝(1)、拒絶(2)、勧誘(1)	6
61	⑫	口		忝うし(3)	挨拶(2)、招待(1)	3

表1のように、「かたじけない」の用例数は、どの時代でも使用が希少であるが、昭和61年という昭和末期までまだ消滅していないことは明らかである。形式と文書の種類は著者の個人差と各文例集が扱う項目の違いにより、社外文書、社交文書で様々な文書で見られる。服部嘉香編纂の文例集②、⑥、⑧では、「かたじけない」は主に社外のやりとりで用いられているのに対して、戦前の文例集③、戦後の文例集⑨などでは「感謝状」「挨拶状」「哀弔状」のような社交文書で多用される。文例集③における「かたじけない」の形式は最も多く、出版時期から見れば、大正4年という戦前の現代語の形成期でもあり、「かたじけない」の形式がまだ定着していないことが考えられる。ウ音便の「かたじけのう」は口語文の文例集⑤、⑪からわずか3例、「かたじけなく」は①、⑤、⑫以外すべての文例集に見られる。また、「かたじけない」のサ変複合動詞「かたじけなくす（かたじけなうす）」は⑤以外のすべての文例集に見られる。

漢字表記については、著者の個人差が顕著である。例えば、文例集②と⑫は「忝」を使うのに対し、文例集⑨、⑩は「辱」のみ使用する。また、全体からみれば、連用形「かたじけなく」「かたじけのう」が「忝」、サ変複合動詞の「かたじけなくす（かたじけなうす）」などは「辱」で表記することが多い。

次に各形式ごとに例を挙げながら「かたじけない」の使用実態と用法を見る。

3.2 「かたじけなく」と「かたじけのう」

「かたじけなく」

「かたじけなく」の連用形単独の使用形式は、候文の「忝奉存候」と、口語文の「忝く存じます」「忝う存じます」のような形式が見られる。例えば、

(1) 拝啓毎度御厚情御引立に預り<u>忝く奉存候</u>然者去る十六日付貴翰註第三十八號を以て御申越相成候

(活きて働く商業書簡文（大正4）　p276　通知状)

(2)　陳れば弊店發賣小杉式安樂椅子の販路擴張に就ては毎々非常の御高配を蒙り<u>忝く奉存候</u>

(模範商用書簡文（大正6）　p432　依頼状)

用例(1)は文書の文頭挨拶として、相手の日頃からの恩恵に対する感謝である。例(2)の「かたじけない」は主文にあるが、(1)と同じく得意先に対してのお世辞のような用法である。

(3)　拝復　未だ御拝顔の栄を得ませんが、貴店の堅実な御経営振りはかねてから承知いたしております。然るに今回はからずも取引開始御希望の御申込みに接しまして、<u>辱なく存じます。</u>当店でも過般来貴地業務拡張の希望をもっておりましたこととて、当店としましては誠に好都合に存じます。

(現代商業文の書き方（昭和53）　p137　申込　取引開始の承諾)

(3)は昭和53年の口語文の例で、「取引開始希望」という事実に対して感謝と恐縮の意を表している。3例とも相手の恩恵や好意に対する感謝の意は強いが、(1)、(2)は挨拶的な用例なので、恐縮の意があまりない。

また、「かたじけなく」の連用形単独の使用以外に、連用修飾用法として「かたじけない」が漢語の感謝表現を修飾する例が10例見られる。具体的な形式を以下に示す。

※（　）内は文例集番号、「〜」＝「かたじけなく」

〜奉鳴謝候（③、⑥）

〜奉拜謝候（③、⑥）

〜奉萬謝候（④）

〜拜謝奉り候（④）

〜御厚禮申上候（⑥）

〜感謝に堪えぬ次第でございます（⑧）

〜深謝致します（⑧）

〜感謝に耐えません（⑨）

また、「かたじけない」の連用中止の用法と考えられる例が2例見られる。

　　※「〜」＝「かたじけなく」
　ご配慮を〜、ご懇情のほど厚く御礼申しあげます（⑩）
　ご高配を〜、ご芳情のほど厚く御礼申しあげます（⑩）

　具体的な用例としては、
(4)　拝啓炎暑の候益御清勝奉慶賀候陳者合資會社鳥羽造船所儀從來各位の格別なる御眷顧に依り事業追々擴張仕り今日の隆盛を見るに至り候段忝く奉鳴謝候
　　　　　　　　　（活きて働く商業書簡文（大正4）　p257　披露状）
(5)　毎度格別の御引立を蒙り忝く御厚禮申上候
　　　　　　　　　（新時代の商業文範（大正15）　p307　報告状）
(6)　このたび当社社長三宅優造ならびに技術開発部長田所竜馬の渡欧米にさいしましては、ご多用中にも拘わらず種々ご配慮を辱く、ご懇情のほど厚く御礼申しあげます。
　　　　　　　　　（すぐ書ける模範商業文500選（昭和43）　p276
　　　　　　　　　　挨拶　海外視察出発のあいさつ）
のような例が見られる。用例(4)は漢語の感謝表現「鳴謝」と共起する例で、和語と漢語の感謝表現の組み合わせを通して、相手に対する配慮を示している。戦前の候文体の商用文では、漢語の感謝表現が大量に使用されているため、和語の感謝表現「ありがたい」「かたじけない」は多くの場合、このように漢語の感謝表現の連用修飾用法として用いられている。

　(5)と(6)における「かたじけない」は、定型表現の「お礼申し上げます」と共起している。(5)の「かたじけない」の連用形が「御礼申上げます」を修飾するのに対して、(6)は「かたじけない」の連用形中止の用法と考えられるが、「かたじけなくす（かたじけなうす）」の誤植の可能性もある。このような形式で感謝の意を表す場合、「かたじけない」と「あり

がたい」の互換性が高いが、両語の敬意の差は見られない。とくに戦後期の商用文では、「ありがたくお礼申し上げます」の形式は長期間に亘って定着しているため、「かたじけない」登場は希少であった。用例(6)の「ご多用中にも拘らず」「ご配慮」は相手に掛ける負担を表す表現で、ここの「かたじけない」は主に「恐れ多くも…をありがたくいただく」の恐縮の意を表している。

　また、

(7)　御紙面辱く拝見貴店益御繁榮奉賀候毎々御註文を蒙り難有奉萬謝候

(活きて働く商業書簡文(大正4)　p670　承諾状)

(8)　十八日附の御手紙忝く拝見致しました。弊社「××新報」に對し特別の御同情を以て廣告掲載方御下命に預りました處、該料金は講讀料と同様、どなた様の區別なく一様公平に前金を頂戴する事に内規を以て決定してをります。

(すぐ役に立つ商業新書簡文(昭和11)　p179　請求状)

(9)　尊翰忝く拝詠仕りました。陳れば今回御入用品に付特に弊場を御信認下さいまして熊々御照会に預り有り難く御厚礼申し上げます。

(商業作文の知識(昭和29)　p210　見積状)

のように、「かたじけない」は返信の冒頭で相手の来信に対する感謝を示す例が見られる。同じ用法として、「ありがたい」も「難有拝見仕候」のような頭語における連用修飾が見られるが、「ありがたく」に後続する漢語の感謝表現以外のサ変動詞は「ありがたく拝受する」「ありがたく拝承する」「ありがたくお請けする」のような例が見られる。

「かたじけのう」

　「かたじけのう」は「かたじけない」の連用形のウ音便で、現代の「ありがたい」の定型表現「ありがとうございます」と同様に「かたじけのう

ございます」の丁寧な形であるが、商用文では謙譲語を伴って「かたじけのう存じます」のように用いられている。例文を以下に示す。

(10) 先達中種々御迷惑なる事御依頼致しました處早速御周旋下され<u>忝う存じます</u>昨日契約相調ひ受渡を濟ましましたから愈々明後日引移ることに成りました<u>御蔭様</u>で場所柄もよく造作も完全で營業上誠に好都合でございます是れ全く貴下御盡力の賜と一同<u>感謝致して居ります</u>何れ其中參堂御禮申上ぐる筈でありますが取敢へず右書中を以て謝意を表します

(口語体商用文(大正11) p120 感謝状)

(11) さて、このたびはいよいよ御改築に御着手とのこと、お目出度うございます。さっそく家具、市内装飾の御下命に預り<u>忝う存じます。</u>つきましては、直ちに専門の係員に命じまして、別紙の通り2種類の見積書を作成させましたので、御高覧御検討の上、ぜひ御用命下さいますようお願い申し上げます。

(現代商業文の書き方(昭和53) p117 照会)

(12) 拝復 去る十七日付貴信正に拝受いたしました。委託の条件にて弊社製品の拡売に御協力賜わる由、御厚志まことに<u>忝う存じますが、</u>実は御存知かは存じませんが、貴市にはすでに○○町の××商会と○○町の○○商店との二社に委託販売をお願いしてありますので、遺憾ながら貴意に添うことができません。決して貴店に不満を持つわけではなく、弊社としましては、右二店に対する徳義を重ずるためであります。

(現代商業文の書き方(昭和53) p230 拒絶)

「かたじけのう」の用例はわずか3例で、口語体の商用文にのみ用いられる。3例とも「かたじけのう存じます」の形式で使われる。(10)は戦前の商用文の用例で、「種々御迷惑なる御依頼致しました」のように相手に掛ける負担を言明し、恐縮の意を表している。他の2例は昭和53の用例で、用例(10)の年代と大きく離れ、現代の商用文における「かたじけのう」

の使用である。著者の個人的な好みかもしれないが、この時代としてはいかにも古い言い方である。商用文やビジネス文書は旧来の書簡文のように重々しく内容が作成されるため、古い表現をあえて現代においても使用し、文書の荘厳さを求める用法であると言えよう。

「かたじけなく存じます」は「ありがたく存じます」との互換性が高いと思われるが、「ありがたい」の使用は、ビジネス文書で「ありがたく存じます」から「ありがとうございます」へ変化し、定着している。そのため、「かたじけのう」の用例数は希少であった。

3.3 「かたじけなくす(かたじけなうす)」

今回調査した商用文例集において、「かたじけない」から派生したサ変複合動詞「かたじけなくす(かたじけなうす)」が見られる。この語は「かたじけない」の連用形「かたじけなく」から変化した語であり、「かたじけなうす(かたじけのうす)」は「かたじけなくす」からウ音便化した語である。このような形容詞の連用形からのサ変複合動詞は日本語の歴史の全体を見渡しても、珍しい現象であるが、実際に「かたじけなくす(かたじけなうす)」の意味や使い方を見ればかなり慣用的なものではないかと考えられる。『日本国語大辞典 第二版』における語釈は「ありがたいものをちょうだいする。厚情をいただく。好意をありがたくお受けする。」で (注4)、次の用例は『日本国語大辞典 第二版』の「かたじけなくす」と「かたじけなうす」の項目から引用したものである。

　　　大慈恩寺三蔵法師伝承徳三年点〔1099〕七「彼の苾蒭法長至りて書を辱(カタシケナクス)」
　　　　　　　　　　　(『日本国語大辞典 第二版』「かたじけなくす」)
　　　平家物語〔13C前〕四・南都牒状「男子或は台階をかたじけなうし、或は羽林につらなる」
　　　　　　　　　　　(『日本国語大辞典 第二版』「かたじけなうす」)

以上の通り、「かたじけなくす(かたじけなうす)」という表現自体が長

い歴史を持つことがわかる。『日本国語大辞典　第二版』以外に、国立国語研究所の日本語歴史コーパスからも近代における「かたじけなくす(かたじけなうす)」の使用実態が確認できる。とくに、近代の雑誌における用例が多く、書き言葉での使用が目立つ。

　また「かたじけなくす(かたじけなうす)」は現代ではほとんど消滅しているが、「会葬御礼」の文書には稀に見られる表現で、感謝の意を表すと同時に、「ご香料を辱うし」のような「恐れ多くも…していただく」の意味が含まれている。

　近現代商用文における「かたじけのうす」は戦前は歴史的仮名遣いの「かなじけなうす」を用いる用例が中心である。用例を以下に示す。

(13) 陳者小生義今般當會社專務取締役として株主各位の御推薦を<u>辱うし</u>本日着任就職仕候就ては今後萬事御誘導之程偏に奉希望候先は御披露旁得貴意候敬具

　　　　　　　　(現代商業文指鍼(明治40)　p95　披露状)

(14) 白木屋に於ての多少の經驗も有之上京後は此の方面に於て十分に自己を試驗致度存居候小生の勤務狀態に就ては在勤中知遇を<u>忝うしたる</u>白木屋呉服店支配人石川治平氏に御照會被下候はば判明可致

　　　　　　　　(最新商用文精義(大正3)　p432　推薦状)

(15) 不肖發見に係る新案フアゴールは豫て臨床上御使用の榮を<u>忝うせし</u>こととと拜察仕候御高庇にて結核性疾患新藥として確認せらるゝに至り聊か發表の微意を貫徹し得たるを光榮とする處に御座候

　　　　　　　　(最新商用文精義(大正3)　p488　依頼状)

(16) さて毎々御用命を<u>辱うしてをります</u>白雪印芋切干も漸く出盛りと相成り本年初手合せ當地渡一叺六圓貳拾錢で商談が調ひました

　　　　　　　　(新時代の商業文範(大正15)　p158　祝賀状)

(17) 今日までの長い間、格別の御尽力・御援助を<u>忝うし、</u>誠におわびの致し方もございませんが、最近の不況のアラシと、金融面の措置の困難さとは、とうていわれわれの抗しがたいところであり、涙を呑ん

で、右の決定を致した次第でございます。

(すぐに役立つ商業文作成の手引 (昭和61) p55 挨拶)

「かたじけなくす(かたじけなうす)」は「御推薦」「御援助」「御用命」のような相手の恩恵を表す語に伴う例が多く見られる。用例(13)は専務取締役への着任を披露するという文書で株主に対し、「推薦を受けた恩恵に対する感謝」の言明である。「かたじけなくす(かたじけなうす)」の使用によって自分の立場を低くし、「恐れながらも職位をいただく」という謙遜の姿勢を示している。それに対し、用例(14)は自己推薦をする時に、以前の上司という第三者に対する感謝の配慮を示している。

このような「かたじけなくす(かたじけなうす)」の単独の使用は感謝の意を直接的に表すより、職位や、恩恵、援助などの利益を受ける時に、婉曲的に「ありがたい」と「恐縮」の意を表出する。「かたじけない」の使用によって謙遜的な態度を読み手に示すが、過剰に使用すると相手に曖昧さを感じさせる可能性もある。近現代の商用文は、会社間のやりとり以外に、個人的な消息往来が多く見られるため、このような文書では「かたじけない」は差出人の個人的な好みによる表現の可能性が高い。

また、「かたじけなくす(かたじけなうす)」と他の感謝表現の共起する例が多く見られる。

(18) 弊店東京支店主任人選の件に關し種々御高配を忝うし御厚情の程奉深謝候

(活きて働く商業書簡文 (大正4) p373 周旋状)

(19) 拜啓毎度特別の御眷顧を辱うし難有奉鳴謝候

(新時代の商業文範 (大正15) p242 豫告状)

(20) 大阪在任中は公私とも一方ならぬ御懇情を忝く致しました段誠に有り難く爰に厚く御禮申し上げます。

(すぐ役に立つ商業新書簡文 (昭和11) p190 挨拶状)

(21) さて、小生病気養生中は御多忙中にもかかわらずわざわざお見舞

を<u>辱うし、</u>かつまた、結構なお見舞品を頂き<u>御厚情のほど厚く御礼申しあげます。</u>なお欠勤中は何かと格別の御厚配お引立をこうむり<u>深く感謝申しあげます。</u>お陰様でようやく全快いたし本日から出勤いたしておりますから他事ながら御安心くださいいずれ改めて御挨拶に参りますが右とりあえず御礼かたがた御通知まで。

　　　　　(新版商業文 (昭和 30)　p158　感謝状　病気見舞を謝す)

(22) 遭難の報伝わりまして以来、深甚なるお見舞いを<u>辱くし、ご芳情</u>まことにありがたく、ここに併せて生前のご厚誼を<u>深謝</u>いたします。

　　　　　(すぐ書ける模範商業文500選 (昭和 43)　p251　お悔み
　　　　　殉職死亡の通知)

(23) 謹啓　時下益々御清栄の段慶賀に存じます。さて、私事、このたびの総選挙の結果、各位の絶大なる御支援・御援助を<u>忝うしまして、</u>はからずも当選の栄をかち得ました。私にとりまして、まさに<u>生涯の感激であり、身に余る光栄と存ずる次第であります。</u>

　　　　　(すぐに役立つ商業文作成の手引 (昭和 61)　p44　挨拶
　　　　　当選の挨拶)

「かたじけなくす (かたじけなうす)」の単独の使用に対して、以上の用例のように、この２語に後続する感謝表現の形式は豊富で、感謝の意の度合いもかなり高い。和語の「ありがたい」と、漢語の感謝表現「深謝」「感激」などはここで「感謝の表明」の役割を果たし、「かたじけなくす (かたじけなうす)」自体は受益表現のように用いられる。商用文における受益表現、「いただく」「くださる」「こうむる」「たまわる」などと同様に、「…をしていただきまして、身にしみてありがたい」という解釈もできる。また、近代期で多く使われる「こうむる」は戦後は徐々に消滅し、現代では謙譲語の「いただく」「たまわる」と尊敬語の「くださる」が主流になっている。一方、「かたじけなくす (かたじけなうす)」は、どの時代でも使用は希少であり、文書の種類も著者の個人差によってばらつきが大きい。

4　「かたじけない」の消滅について

　現代では、口語における「かたじけない」は消滅している。書き言葉である商用文例集では、その消滅はかなり遅いことになる。

　その原因は「かたじけない」自体に使用上の不便さが生じたためと考えられる。とくに、筆者の観点では、「かたじけなくす（かたじけなうす）」は複数の意味を併せ持っており相手に曖昧な態度を与える表現ではないかと考える。現代のビジネス文書は、以前の個人の書簡とは違い、伝達性、簡潔性が重視されるため、このような曖昧さや意味上の不適切さのある表現を避けなければならない。昭和末期以降、企業文書の規範化、統一化により、このような個人の好みが顕著である表現が消滅したのではないかと考える。

　「ありがとう」のような定型表現に対し、「かたじけない」（とくにサ変複合動詞の「かたじけなくす（かたじけなうす）」の場合）は使用上のニュアンスを把握することが難しく、自己謙遜よりも、「ありがとう」のような直接的に感謝の意を表すのが妥当であり、言語の曖昧さを避ける表現であると言えよう。

　また、もう一つの原因として、感謝専用の表現「ありがとう」と恐縮専用の表現「恐縮」「恐れ入る」が商用文で用いられるようになり、その機能も明確化したことで、「かたじけない」の使用は不必要になったのではないかと考える。

5　まとめ

　以上の検討により、近現代商用文例集における「かたじけない」の使用実態と用法の特徴について以下の点が明らかになった。

① 「かたじけない」は近現代の商用文例集でしばしば用いられることがあり、その使用は昭和末期まで残存している。

② 近現代の商用文における「かたじけない」は連用修飾の「かたじけなく」、そのウ音便の「かたじけのう」と、サ変複合動詞で用いられる。連用修飾としての「かたじけなく」が感謝表現を修飾する例が10例、連用形終止と考えられる例が2例見られる。「かたじけのう」は口語体の商用文例集に3例が見られ、使用は希少であった。サ変複合動詞は「かたじけなくす(かたじけなうす)」の形式で用いられており、用例集⑤以外のすべての文例集から用例が見られる。

③ 「かたじけなくす(かたじけなうす)」は「いただく」「たまわる」などの受益表現のように用いられる。

④ 「かたじけなくす(かたじけなうす)」を伴う文には、過剰な敬語表現と感謝表現が使用されているため、現代のビジネス文書の表現の視点からみれば、読み手にやや大袈裟に感じさせる可能性がある。

⑤ 「かたじけない」と「ありがたい」は、多くの場合敬意の差が見られない。

以上のように近現代商用文における「かたじけない」は、独特な用法が見られ、近世以来の口語における用法とは異なる。商用文或いは現代のビジネス文書の性質を反映した表現の一つである。

(注)

(注1) 田島 (2004) p155
(注2) 木村 (2014) p196
(注3) 諸星 (2016) を参照。
(注4) 『日本国語大辞典 第二版』「かたじけなうす」の語釈より。

第六章　近現代商用文における感謝表現「ありがたい」について

1　はじめに

　現代のビジネス文書では、感謝の定型表現「ありがとうございます」は普遍に書き言葉として使われているが、その元である「ありがたい」が感謝表現として定型化される歴史はまだ数百年しかない。口語での対人的な使用は江戸時代から使用例が確認される。
　「ありがたい」について、いままで一般の文学作品を資料として用いたタイプの研究がほとんどである。ビジネス日本語の歴史的研究資料としての商用文における感謝表現の変遷の全貌を見るため、「ありがたい」はどのように変化し、現在の形になったのかを明らかにする必要がある。本章は明治期〜昭和戦後期の12冊の商用文例集を取り上げ、「ありがたい」の使用実態について考察していきたい。

2　「ありがたい」の史的研究

　「ありがたい」の歴史について幾つかの史的研究があげられる。近世以前では現代の「ありがとうございます」のように感謝の定型表現として使用されておらず、その本来の意味を通して相手の容姿や行為などを評価する時に使われている。田島 (2004) では、「お礼の表現は、その語の本来の意味が転用されて成立している」と指摘している。現代の「ありがとう」と「すみません」がその転用を反映したもので、古くからの「かたじけな

い」「もったいない」なども長い期間を経て、その本来の意味が転用されて謙遜の意味を有するようになった婉曲的な感謝表現である。「ありがたい」が直接的に感謝の意を表出する表現として用いられるようになったのは近世以降である。

「ありがたい」の本義は「存在することが難しい」であり、そこから、尊いとかめずらしいというプラスの意味へと転化する(注1)。その歴史を遡ると、古典語における「ありがたし」の使用が確認できる。『源氏物語』における「ありがたし」は、対象を賛美するための表現として機能している。現代の「ありがとう」は相手の恩恵や好意をもたらした場合に、お返し言葉として行なわれる言語行動であるのに対して、『源氏物語』における「ありがたし」は相手の「心」「外見」「様子」「身体」を賛美する表現である(注2)。

「ありがたい」のお礼の言葉としての成立については、諸説がある。田島(2004)は、

　　近世後期において、江戸では下位者から上位者へは「ありがたい」が、上位者から下位者へは「かたじけない」が使用されるようになった。明治時代以降、上位者から下位者において、「かたじけない」の使用が少なくなり、「ありがとうございます」「ありがとう存じます」などのように敬語を伴っていた「ありがとう」が連用形単独で使用されるようになった。そして下位から上位へは、これまで通りの「ありがとうございます」の他に「すみません」が使用されるようになったのである。(156-167頁)

と近世後期からの「ありがたい」の成立について述べている。しかし、近代以降の商用文では、「ありがとう」が連用形単独での使用が優勢になったのは、かなり遅い時期である。その原因は、戦後の商用文の口語化と商用文で使われている文体と表現の性質によるものである。

荻野(2004)は「「ありがたい」が対人で連体修飾でなく用いられ始めたとき、お礼のことばとして安定したものとする」として、その初期の例は十七世紀後半に見られると指摘している。江戸時代初期の「ありがたい」

について、

> 江戸時代初期の「ありがたい」は神仏に対する畏敬と感謝が混在した感情を表しており、人から人へのお礼のことばとしては認識されてなかったのではないかという感がするのだ。また、「かたじけない」は対人のお礼のことばとしての用法は少ない。つまり、「ありがたい」と「かたじけない」は江戸時代初期、別々の意味と用法を持っていたものと考えられないだろうか。(46頁)

と述べている。この時期はまだ「かたじけない」は対人で多用されるが、もともと敬意度の高い「ありがたい」は使用されるようになり、江戸時代を通して使用が広がったと考えられる。その原因について荻野(2004)は更に

> なぜ「ありがたい」を使用するようになったのか。ここで私見として、対人・対象関係のとらえ方の違いではないかという考えを示す。「かたじけない」は相手に負荷をかけたことに対して、自分が恐縮する気持ちを表している。それに対して「ありがたい」は、元々神仏の功徳や恩恵に対して恐縮の態度は取りつつも、出来事に対しては「この生じた出来事はめったにないことだ」と直接的な評価を示すものである。相手に負荷をかけたことに対して「かたじけない」と自分がへりくだる態度は、自分より目下の人に対しては取りにくい場合もあろう。しかし、どんな相手に対しても謝意を表したいこともある。その際目上目下に関係なく、恩恵を受けたことに対し、「めったにないこと」なので「感謝している」と事態を直接的に評価する「ありがたい」を使用する方が便利なのではないかと考えるのである。(39頁)

と「ありがたい」と「かたじけない」の使用の違いについて述べている。「ありがたい」の使用は明治・大正期に更に広がり、「ありがたい」のウ音便「ありがとう」は慣用的な感謝表現として口語に定着化し始める。一方で明治・大正期では、「ありがとう」系の感謝表現以外に「かたじけない」はまだ残存している(注3)。

近代の商用文の文体はまだ候文が主流で、商用文の文体が全面的に口語化されるのは昭和戦後期のことになる。したがって、戦前期では現代の「ありがとうございます」の用法はまだ希少であることが予想される。前章で述べた通り、「かたじけない」は「かたじけなく」、「かたじけなくする（かたじけなうす）」などの形式は、明治末期からの商用文に使用例が確認できる。商用文が活字化される150年の歴史の全般を見渡すと「かたじけない」は商用文の編纂者に好まれ、昭和末期まで残存していることを明らかにした。一方、「かたじけない」と「ありがたい」は連用修飾用法で漢語の感謝表現と共起する用例が商用文に多く見られるが、第一章によれば、このような連用修飾用法は現代のビジネス文書においてかなり少なくなり、感謝の定型表現は「ありがとうございます」系と「お礼申し上げます」のような漢語系に二分化されている。現代のビジネス文書で「ありがとう」が連用形単独で用いられるようになったのは一体いつ頃であろうか。また、「かたじけない」と「ありがたい」の敬意の差があるかどうかは不明である。

　本章は近現代商用文における「ありがたい」の使用実態を明らかにし、ビジネス文書における「ありがたい」の変遷を究明したい。

3　商用文における「ありがたい」の使用実態とその表記の変遷

　本章で調査した文例集の発行年代は、明治末期から昭和末期という百年の期間に亘っている。この中で、商用文の文体は候文の口語化の過程と、戦後の現代仮名遣いと当用漢字の規定によって表記と形式が大きく変化した。「ありがたい」は候文で、変体漢文の表記に従って「難有」と書くことがほとんどである。候文体の商用文の資料は振仮名が付けられていない場合が多いため、「ありがたい」の活用形はその接続と前後の文脈で確認しなければならない。

　また、「ありがとう」一語を感動詞として分類する研究が多いが、本章

では「ありがとう」を「ありがたい」の連用形のウ音便とする。

　本章で調査した商用文例集における「ありがたい」の使用実態とその表記の変遷を表1（次ページ）にまとめて揚げる。

　表1によれば、「ありがたい」の変体漢文の転倒表記である「難有」は戦後の文例集⑧まで見られる。「難有」の用例のほとんどは候文からの用例であるが、口語体の文例集⑤に「難有」の使用例が1例見られる。

　文例集⑧は服部嘉香著『商業作文の知識』という口語文体・候文体両方を扱う文例集である。服部嘉香は大正初期からの商用文例集の編纂者であり、戦前主流であった候文を戦後の文例集に取り入れたと思われる。ところが、戦後期では、候文で書かれた商用文例集は徐々に淘汰されており、「難有」のような漢文風の転倒表記はこれが原因となってなくなっている。この時代から「ありがたい」の表記も漢字仮名交じり表記でなされることが多くなり、仮名のみで表記される文例集が現れている（文例集⑨と文例集⑩）。

　全体を見渡すと、最も形式が多い文例集は⑦、⑧であり、それぞれ10、9形式ある。活用形別で見れば、連体形としての「ありがたい」は28例で、戦前では「ありがたき」の形式が24例あり、戦後では見られない表現である。「ありがたい」＋名詞の用法は戦前1例、戦後3例見られる。また、「ありがたい」の語幹＋さの用例は戦後に1例見られる。その他のすべては連用形で、全558例で用例の大半を占めている。

4　連体形としての「ありがたい」

4.1　「ありがたき」と「有り難き仕合せ」

　戦前期の商用文で、「ありがたい」の連体修飾用法の「有り難き仕合せ」の使用が目立つ。国語辞典と国立国語研究所の日本語歴史コーパスによれば、「有り難き仕合せ」は近世頃成立した語で、めったにない幸運の意味の古風的な言い回しである。商用文では相手の好意や恩恵に対して、自分

表1　近現代商用文における「ありがたい」の表記と形式

年代	文例集	文体	活用形	表記	数	計
明治40	①	候	連用形	難有	4	
			連体形	有り難き	1	
				有りがたき	1	6
大正3	②	候、口	連用形	難有	17	
				有り難く	2	
			連体形	難有	2	21
4	③	候	連用形	難有	51	
				有難	1	
			連体形	難有	10	62
6	④	候	連用形	難有	47	
			連体形	難有	5	52
11	⑤	口	連用形	難有	1	
				有リ難ウ	1	
				有り難う	2	
				有リ難ク	5	
				有り難く	2	
			連体形	有リ難キ	1	12
15	⑥	候	連用形	難有	51	
				有り難う	1	
				有り難く	1	
				有難	1	
				有難う	2	
				有難く	3	
			連体形	難有	5	64
昭和11	⑦	候、口	連用形	ありがたう	1	
				ありがたく	1	
				あり難う	1	
				難有	7	
				有りがたく	2	
				有り難う	3	
				有り難く	8	
				有難う	1	
				有難く	15	
			連体形	有難い	1	40

29	⑧	候、口	連用形	ありがたく	3	
				ありがとう	1	
				難有	10	
				有りがたく	4	
				有り難う	3	
				有り難く	6	
				有難	1	
				有難く	2	
			連体形	有り難い	1	31
30	⑨	口	連用形	ありがたく	60	
				ありがとう	6	66
43	⑩	口	連体形	ありがたく	79	
				ありがとう	32	
			連用形	ありがたい	1	
			語幹	ありがたさ	1	113
53	⑪	口	連用形	ありがたく	11	
				ありがとう	4	
				有難う	24	
				有難く	24	63
61	⑫	口	連用形	ありがたく	10	
				ありがとう	29	
				有難う	7	
				有難く	6	
			連体形	ありがたい	1	53
計					583	

表2 日本語歴史コーパスにおける「有り難き仕合せ」の用例数

時代	形式	作品	数
江戸	難有仕合	『洒落本大成』	1
明治・大正	有り難い仕合せ 有り難え仕合せ（注4） 有り難き仕合せ	『国民之友』 『太陽』 『婦人倶楽部』	13

の「嬉しい」と「ありがたい」の気持ちを強調し、相手への感謝の意を示す。

　国立国語研究所の日本語歴史コーパスで「有り難き仕合せ」を検索し、表2にまとめた。江戸時代では「有り難き仕合せ」の例がわずか1例で、明治期からの近代雑誌では13例の使用例が確認できるが、近世期の膨大な分量の古文書や口語資料における実態を反映しているわけではない。それに対し、戦前期の商用文から、「有り難き仕合せ」は24例見られる。その使用実態を表3（次ページ）に示す。

　表3によれば、「有り難き仕合せ」は定型表現の「ありがとうございます」「ありがとう存じます」と同様に「存じます」「ございます」の敬語形式を伴う用法が見られる。また、「感佩」「感銘」「感謝」のような漢語の感謝表現を伴う形式と、前件が条件表現「〜候はゞ」「〜ならば」の場合に「有り難き仕合せ」と共起する用法が見られる。全24例の中で、口語文における用例は僅か1例である。全ての用例は戦前期のものであり、口語体の商用文では使いにくい表現の一つであると言えよう。

(1) 偖弊店儀各位の厚き御愛顧に依り商運年々に榮へ候段<u>有りがたき仕合に奉存候</u>

　　　　　　　　　　（現代商業文指鍼（明治40）　p85　披露状）

(2) 弊店儀毎々格外の御愛顧を蒙り御蔭様を以て日に隆盛に赴き候段

表3　「有り難き仕合せ」の使用実態
※「〜」＝「有り難き仕合せ」

用法	形式	文書種類	数
単独の使用	〜に奉存候 〜に存上候 〜に御座候 〜に存候	感謝状［4］ 種類不明［1］ 披露状［1］ 通知状［1］ 承諾状［2］ 注文状［1］ 謝罪状［1］ 追及状［1］	12
漢語の感謝表現との共起	〜と深く感佩仕候 〜と感銘罷在候 〜と深く感佩罷在候 〜と深く感銘仕候 〜と深く感謝仕候 〜只管感銘罷在候	見舞状［4］ 披露状［1］ 請求状［1］	6
条件表現との共起	相願はれ候はゞ〜に奉存候 被下ば〜と奉存候 被下候はゞ〜に奉存候 賜はらば〜と奉存候 相願はれ候はゞ〜に御座候 ナラバ〜ニ存ジマス	證明状［1］ 陳謝状［2］ 依頼状［2］ 謝罪状［1］	6
計			24

　誠に難有仕合せと深く感佩仕候

　　　　　　　　　　（最新商用文精義（大正3）　p446　見舞状）
(3)　陳は御眷顧の階梯として先頃は目録送付の御下命に接し<u>難有仕合せに奉存候</u>

(新時代の商業文範 (大正15) p143 謝罪状)

(4) 偖過般御出京御遊覧の節は格別の思召を以て永々御投宿下され誠に難有仕合に奉存候

(模範商用書簡文 (大正6) p571 感謝状)

以上のように、近代の商用文例集には会社間のやりとり以外に、個人的な消息往来も多いため、「有り難き仕合せ」は強烈な感激の語感を伴い、個人の主観的な感情を表す用法である。現代のビジネス文書の表現からみれば大袈裟に感じられる用法である。

また、「有り難き仕合せ」の前項が条件表現である場合、依頼・謝罪の文脈で用いられやすいことが、以下の用例から窺われる。

(5) 御照會の山田金太郎は御来示の通り去る明治四十三年より昨大正三年十月迄約五年間弊店員として勤務致候者に有之温厚篤実にて客扱ひも至極巧妙なるのみならず機を見るに敏にして販賣員としては前途極めて有望の青年と存候當店にても同人の爲に將來は重要なる一位を分ち以て店務に盡瘁せしむる所存に候しも…(中略)趣何卒御採用被下ば本人の満悦は申に不及小生迄も難有仕合と奉存候
(活きて働く商業書簡文 (大正4) p715 證明状 舊店員の性行證明)

(6) 當工場機械破損の結果其修繕に多大の日子を費せし爲め自然製造方相遅れ意外の遅延を來し面目次第も無御座候漸く昨日出來仕候間昨夕鐵道便を以て發送致置き候事情御憐察の上御引取り相願はれ候はゞ寔に難有仕合せに奉存候。
(活きて働く商業書簡文 (大正4) p694 陳謝状)

(7) 御註文品ニツキ毎々御督促ヲ蒙リマシテ何トモ申譯アリマセン其都度御猶豫ヲ願ッテ置マシタ通リ何分連日ノ降雨デ乾燥捗々シクアリマセンノデ意外ノ遅延ヲ來シマシタ次第デ面目次第モ御座イマセン御手紙ト行違ッテ昨夕發送致シテ置キマシタカラ事情御諒察ノ上御引取リ相願ハレマスナラバ誠ニ有リ難キ仕合セニ存ジマス
(口語体商用文 (大正11) p244 謝罪状)

(5) は店員を推薦する時に、相手に被推薦者を採用してほしいなど文書の受取側になにかを依頼する時に使用し、相手がその依頼を実行すれば非常に嬉しいという気持ちを表現している。(6)、(7) は「商品発送の遅延のお詫び」のような陳謝・謝罪の文書で相手に不利益が生じた時、相手の気持ちや心理的な抵抗を和らげ、「やむを得ない事情を考慮に入れて欲しい」のような「許しを乞う」用法である。また、現代のビジネス文書では以上と同じような用法で用いられる条件表現と「幸い」「幸甚」との共起が、叶 (2015) の研究ですでに指摘されている。実際に、戦前期の商用文では、「幸い」「幸甚」だけではなく、条件表現に伴う嬉しい気持ちを表す「欣幸」「欣喜」「欣慶」「幸栄」「本懐」などの漢語表現が散見し、現代に亘ってこれらの漢語表現が徐々になくなり、「条件表現＋幸甚 / 幸い」というように慣用的な用法として定着している。商用文の歴史の全体を見渡すと、これらの表現の中で特に「有り難き仕合せ」は強い感謝・感激の語感を伴うと同時に、相手に大袈裟な印象を与える。第４章で引用したように、服部嘉香は上述の依頼の場合では「ありがたい」の使用は避けるべきであり、「幸甚」「幸い」のような慣用語法を文書に用いるべきであると批判している。

　また、「有り難き仕合せ」の「有り難き」を除き、文例集④から「折返し電報にて御用命願はれば〻仕合に奉存候」のような「仕合せ」と条件表現の共起が１例見られる。

「有り難き仕合せ」以外の連体修飾用法としての「有り難き」は

(8) 　幸にして既に今日は『文房具なら伊東屋』と迄難有き御言葉を蒙り居候

　　　　　　　　　（活きて働く商業書簡文（大正4） p369　推薦状）

のような１例が見られる。この「有り難き」は「ありがたい」の原意に近い用法で、相手の行為を高く評価するような配慮を表しており、感謝の意も入っている。

4.2 「ありがたい」

他に、形容詞連体形としての「ありがたい」は以下の4例が見られる。

(9) <u>有難い御懇命</u>の下ります事と、萬端準備をつくし、鶴首御待ち申してをります

(すぐ役に立つ商業新書簡文 (昭和11) p152 勧誘状)

(10) 本年も品質本位万人向の弊店の鰹節と海苔に対して<u>有り難い御懇命</u>下ります事と、万端準備を尽くし鶴首御待ち申し上げております

(商業作文の知識 (昭和29) p207 勧誘状)

(11) このたびのお申し出も、まことに<u>ありがたいご厚志</u>のあらわれと存じますが、丸栄商事とは当社創業当初からの深い関係もありまして、貴店のお申し出にしたがって丸栄商事をルートから外ずしますことは、道義上採りかねるところでございます

(すぐ書ける模範商業文500選 (昭和43) p220 断り)

(12) 当社といたしましては、少しでも販路がのびて行くことは、誠にうれしく、<u>ありがたい限りであります</u>

(すぐに役立つ商業文作成の手引 (昭和61) p134 承諾)

(9)、(10)の下線部の「ありがたい」+「ご懇命」は「勧誘状」という相手との取引を申し出る時に、相手の行為を期待する表現である。(11)は拒絶する時に相手の気持ちを和らげる配慮表現である。(12)の「ありがたい限り」は「感謝の気持ちしかない」の意を表している。上記のいずれも特殊な例であり、普遍に使われているとは言えない。

5 「ありがたい」連用修飾用法と定型表現

「ありがたい」の連用形は「ありがたく」とウ音便の「ありがとう」の二種類がある。具体的な用法を見ると、大きく「ありがたく」が他の漢語の感謝表現、または「ありがたく拝見致しました」「ありがたくお引受けさせていただく」のような感謝以外の動作・行為を修飾する用法と、「あ

りがたく存じます」「ありがとうございます」のような慣用的な連用形の用法が見られる。また、時代から見ると、大正時代の口語体の商用文から、現代多く使われている「ありがとうございます／ました」が登場するようになり、現代にかけてビジネス日本語における主流の感謝表現になっている。

　上記の用法を更に細分化し、近現代商用文における「ありがたい」の連用形の用法を分類すると以下の5分類に分けることができる。

　　a．感謝表現を修飾する
　　　例：ありがたくお礼申上げます／誠に難有奉感謝候
　　b．感謝以外の動作・行為を修飾する
　　　例：御手紙有難く拝見しました
　　c．連用形中止法で用いられる
　　　例：誠に有難く、感謝の言葉もございません
　　d．「ありがたく」系の定型表現
　　　例：難有存上候／ありがたく存じます
　　e．「ありがとう」系の定型表現
　　　例：ありがとうございます／ありがとう存じました

この分類に従ってそれぞれ形式の出現数を表4に示す。

　表4（次ページ）で示したように、「ありがたい」の感謝表現を修飾する用法は、文例集①～⑪では最も多い用法であることがわかる。また、明治末期の商用文にはすでに「ありがたい」の定型表現が見られ、「ありがたく」系の定型表現は戦前の文例集③、④に多用され、大正時代に一時的に盛んになったが、昭和戦前期の文例集⑦以降、「ありがたく」系の定型表現は「ありがとう」系の定型表現に圧倒される。

　分類bと分類cの用例はどの文例集においても希少である。とくに連用形中止法の使用は戦前の文例集②、⑥からそれぞれ2例、戦後の文例集⑧、2例、文例集⑨、1例、文例集⑫、1例が見られ、著者の個人的な好みによる表現の可能性が高い。

表4 「ありがたい」の連用形の分類と数

文例集	分類					計
	a 感謝表現を修飾する	b 感謝以外の動作行為	c 連用形中止法	d「ありがたく」系	e「ありがとう」系	
①	3	0	0	1	0	4
②	11	4	2	2	0	19
③	37	2	0	13	0	52
④	26	1	0	20	0	47
⑤	8	0	0	0	3	11
⑥	42	3	2	9	3	59
⑦	21	2	0	2	7	32
⑧	21	1	2	2	4	30
⑨	56	0	1	3	6	66
⑩	72	7	0	0	32	111
⑪	28	6	0	1	28	63
⑫	10	2	1	3	36	52

これからは、「ありがたい」の連用修飾用法と定型表現に重点を置き、それぞれの使用傾向と特徴を分析していきたい。

5.1 「ありがたい」の連用修飾用法

分類aと分類bの「ありがたい」の連用修飾用法である「ありがたく」が修飾する後件を表5にまとめておく。

表5によると、すべての文例集における「ありがたく」は漢語の感謝表現との共起が見られることが明らかである。戦前期では現代のビジネス文書には見られない「鳴謝」「感銘」「拝謝」などの漢語との共起が目立つ一方、昭和戦前期の文例集⑦と昭和戦後期のすべての文例集では、「感謝」「深謝」と「(御)礼」「(御)厚礼」の4種類の漢語のみ見られる。その中で、

第六章　近現代商用文における感謝表現「ありがたい」について　　171

表5　「ありがたく」の後件
※[　]内は用例数

文例集	感謝	感謝以外の動作・行為
①	鳴謝[1]、感謝[1]、謝[1]	
②	厚謝[1]、感銘[1]、(御)礼[3]、万謝[1]、(御)厚礼[1]、深謝[1]、謝[1]、拝謝[1]、鳴謝[1]	拝見[2]、拝承[1]
③	感銘[2]、拝謝[7]、深謝[11]、(御)礼[9]、万謝[4]、感謝[2]、鳴謝[3]、謝陳[1]※誤	拝見[2]
④	(御)厚礼[4]、深謝[4]、感佩[2]、(御)礼[4]、感銘[2]、拝謝[2]、鳴謝[3]、感謝[2]、謝[3]	拝見[1]
⑤	(御)礼[7]、謝[1]	
⑥	(御)礼[17]、謝[4]、鳴謝[4]、深謝[7]、感銘[1]、(御)厚礼[4]、拝謝[3]、感謝[2]	御請[1]、拝見[1]、拝受[1]
⑦	(御)礼(13)、感謝[6]、深謝[2]、	拝見[1]、領収[1]
⑧	(御)厚礼[6]、(御)礼[14]、感謝[1]	拝受[1]、
⑨	(御)礼[45]、深謝[3]、感謝[7]、(御)厚礼[1]	
⑩	(御)礼[69]、感謝[2]、深謝[1]	拝受[1]、拝承[5]、お受け[1]
⑪	(御)礼[26]、感謝[2]、	光栄[1]、拝受[1]、お請け[1]、拝見[2]、拝承[1]
⑫	(御)礼[9]、感謝[1]、	お引受け[1]、拝見[1]

特に「ありがたく」と「(御)礼」の共起は一時的に盛んになったことが認められる。「感謝」「深謝」「(御)礼」は現代のビジネス文書でもよく使われている感謝表現であるが、それぞれ独立した用法があり、「ありがたい」とこの3語の連用修飾用法はほとんどなくなっている。

戦前期の商用文では、上記の分類aとしては以下の(13)、(14)のような用例が挙げられる。

(13) 毎々貴廣告の御用命に接し御厚情の程<u>難有奉萬謝候</u>

　　　　　　　　　(活きて働く商業書簡文(大正4)　p321　通知状

　　　　　　　　　　　　　　　　　　　　　　　締切期日變更通知)

(14) 陳れば唐突非禮の至に候へども、貴店に於かせられては常に弊店製造の染料各種多数御使用の趣拜承、誠に<u>難有感謝の至に堪へず候</u>

　　　　　　　　　(模範商用書簡文(大正6)　p426　協議状)

次の(15)、(16)の「ありがたく」は「拝見」「お請けする」のような謙遜表現を伴う用例である。

(15) 拜復華墨<u>難有拜見仕候</u>然者今回改選に相成候東京精綿株式會社取締役に御推薦を賜はり無上の光榮と奉深謝候

　　　(活きて働く商業書簡文(大正4)　p689　拒絶状　取締役の拒絶)

(16) 御註文被下候品<u>難有御請仕候</u>然る處下記の品目下折惡くて品切にて誠に申譯無之候へ共

　　　(新時代の商業文範(大正15)　p234　依頼状　註文品猶豫依頼状)

(15)の拒絶の文書でも、このような感謝表現の使用が目立つ。特にこの頭語における「難有拜見仕候」は書簡文の来信特有の礼儀的な挨拶であると言えよう。前章の「呑く拜見致しました」はこれと同じ用法であるが、敬意の差が見られない。

それ以外に、口語体の例としては

(17) 先日は店員傭入れの件について種々と御高配に預り<u>難有謝し奉ります</u>

　　　　　　　　　(口語体商用文(大正11)　p121　感謝状

第六章　近現代商用文における感謝表現「ありがたい」について　173

(店員備入方周旋の感謝状)

のように候文の敬語表現をそのまま口語文に用いる例が見られる。これは戦前期の商用文の文体に不統一による表現上の混乱が生じたことが考えられる。戦後期における文書の改革により、公的文書は口語文に統一される。商用文例集では僅かな候文の文例が残されており、昭和中期頃からすべて口語体に変り、用語も安定しつつある。

　戦後期の「ありがたく」の連用修飾用法の例としては

(18)　過日御来店の節は、係員の出張のため何の御もてなしもできませんでしたが、多大の御注文を頂き<u>有難く厚く御礼申し上げます</u>

(現代商業文の書き方(昭和53)　p147　依頼)

(19)　さっそくご懇篤なるご祝詞を賜わり、かつまたご丁寧なるお祝い品まで頂戴いたし、ご厚情のほど<u>ありがたく感謝申しあげます</u>

(すぐ書ける模範商業文500選(昭和43)　p224　お祝い)

(20)　御校卒業生就職斡旋については従来格別の御高配に預り<u>ありがたく深謝申上げます</u>

(新版商業文(昭和30)　p199　依頼状)

(21)　さて、去る十一月二十八日の今年度定期総会におきましての役員改選の結果、私共八名が、はからずも会長・副会長・常務理事(六名)に選出されました。まったく予期し得ざるところであり、ずいぶんとまどったのでありますが、せっかくの会員各位の御意思であり、ここは全員<u>ありがたくお引受けさせていただくことに致した次第であります</u>

(すぐに役立つ商業文作成の手引(昭和61)　p44　挨拶
団体役員就任の挨拶)

(22)　さて、6月18日付貴信をもって下記の通り御注文をたまわり、<u>有難くお請け申し上げます</u>

(現代商業文の書き方(昭和53)　p131　注文)

のように多くの種類の文書で使われている。

(21)、(22) は職位・注文などを引き受けるときに、「ありがたく」の使用を通して文書の受取側の「感謝」と「嬉しい」の気持ちを表す。同様の用法として、現代のビジネス文書では「喜んでお引受け致します」のような表現が用いられる。

5.2 「ありがたい」の定型表現

前述の通り、「ありがたく」系の定型表現が一時的に盛んになり、徐々に「ありがとう」系の定型表現に圧倒されることを解明した。近現代商用文におけるこの二系統の感謝の定型表現は具体的にどのような形式があるか。次の表6（次ページ）にまとめてみる。

「ありがたく」系の定型表現は候文体の商用文で多用されることが明らかである。口語体文例集における「ありがたく」系の定型表現は希少であるが、昭和末期まで見られる。

候文における「ありがたく」系の定型表現は、「難有奉存候」「難有存候」「難有存上候」の3種類である。謙遜語の「存じる」「存じ上げる」を用いると同時に、「奉る」によって受取側に対する敬意を示している。

口語体の「ありがたく」系の定型表現は戦前の口語体の商用文例集から、「ありがたく存じます」「ありがたく存じ上げます」のように用いられている。「奉る」の使用は候文特有の文語的な使い方であるが、戦前の文例集⑦では1例で、「奉る」をそのまま口語化した例が見られる (有難く存じ奉ります)。

「ありがとう」系の定型表現はすべて口語体で用いられる。形式から見ると、「ありがとう存じます / ました」と「ありがとうございます / ました」のように二分化しているが、「ありがとうございます / ました」の方が圧倒的に用例数が多い。現代の感謝の定型表現に当たる「ありがとうございます」は昭和初期頃から商用文例集に見られ、過去形の「ありがとうございました」も用いられるようになった。

「ありがたい」の定型表現の例文を以下に幾つか挙げる。

表6 「ありがたい」の定型表現の形式と変化

文例集	「ありがたく」系		「ありがとう」系	
①	難有存候	1例		
②	難有奉存候	2例		
③	難有奉存候 難有存上候 難有存候	8例 3例 2例		
④	難有存候 難有奉存候	2例 18例		
⑤			有リ難ウ存ジマス 有り難う存じます	1例 2例
⑥	有難く奉存候 難有奉存候 難有存上候 有り難く存じ上げます	2例 5例 1例 1例	有難う存じます 有り難う存じます	2例 1例
⑦	有難く存じ奉ります 有り難く存じます	1例 1例	有り難う御座いました あり難う御座いました 有り難う存じます 有難うございます ありがたう存じました	1例 1例 3例 1例 1例
⑧	難有奉存候	2例	有り難う存じます ありがとう存じます	3例 1例
⑨	ありがたく存じます	3例	ありがとう存じます ありがとうございました ありがとうございます	2例 2例 2例

⑩			ありがとうございます	12例
			ありがとうございました	20例
⑪	有難く存じます	1例	有難うございます	6例
			有難うございました	11例
			ありがとうございます	3例
			有難う存じます	6例
			有難う存じました	1例
			ありがとう存じました	1例
⑫	ありがたく存じあげます	1例	ありがとうございます	15例
	ありがたく存じます	1例	ありがとうございました	13例
	有難く存じます	1例	有難う存じます	1例
			ありがとう存じます	1例
			有難うございます	2例
			有難うございました	3例
			有難う存じました	1例

(23)　拝啓益御隆盛奉賀候陳者貴店御製造の型紙の義御開店当初より弊店へ取扱方御任せ被下<u>難有存候</u>まゝ弊店も販賣には随分と骨折候結果今日の賣高と相成御同様喜悦の至に存候

　　　　　　　　　（活きて働く商業書簡文（大正4）　p563　勧誘状
　　　　　　　組合規約制定方勧誘）

(24)　拝啓。本月八日附第一六二號状を以て御申越の件正に拝誦仕りました。承れば今回當地××商店廢業の由にて弊店へ小麥粉の販賣方御委託下さいました段<u>誠に有難く存じ奉ります。</u>

　　　　　　　　　（すぐ役に立つ商業新書簡文（昭和11）　p205　承諾状
　　　　　　　委託販売申込の承諾）

(25)　拝復　先日のご注文に引き続き、さらに二〇個の追加ご注文をいただき<u>重ね重ねありがとうございます。</u>さっそく荷造りをいたし、明朝のトラック便第一便に積みお送りいたしますから、さようご承知く

ださい。

（すぐ書ける模範商業文 500 選（昭和 43）　p84
追加注文品の出荷通知）

(26)　先日、小社創立三十周年記念大売りだしに際しましては、遠路わざわざお運びくださいまして、<u>本当にありがとうございました</u>。

（すぐに役立つ商業文作成の手引（昭和 61）　p152
創立三十周年記念売出しの謝礼）

　(23) は取引先の「長い時間のご支援」に対する軽い礼儀的な感謝である。(24) の「有難く存じ奉ります」は口語体の文例集において非常に不自然な表現であり、当時の商用文の表現の不確定性を反映した一例である。(26) は「ありがとうございました」のような過去形の用例で、先日の出来事に対する「再度の感謝」である。

　また、(24)、(25)、(26) の「ありがたい」の定型表現に前接する修飾語はそれぞれ「誠に」「重ね重ね」「本当に」であり、いずれも現代のビジネス文書に使われている。特に「誠にありがとうございます」はかなり多用される慣用的な用法である。「本当に」は口語的な表現であるが、商用文の戦後の口語化により、使用されるようになったと考えられる。

6　まとめ

　以上の考察により、近現代商用文例集における「ありがたい」の使用実態と用法の特徴について以下の点が明らかになった。

① 「ありがたい」の各形式は候文体の商用文と口語体の商用文から使用例が多数確認できる。候文体の商用文においては漢文風の転倒の「難有」が目立つ一方、商用文の口語化によって徐々に漢字仮名交じり表記に変化する。

② 「ありがたい」の連体修飾用法は、戦前の文例集における「有り難き仕合せ」の使用が目立つ。「有り難き仕合せ」と条件表現の共起は

現代のビジネス文書における条件表現＋「幸い」「幸甚」の用法に相当するものであるが、戦後期ではすでに使われなくなっている。

③「ありがたい」の連用形の用法は連用修飾用法、連用形中止法、「ありがたく」系の定型表現と「ありがとう」系の定型表現に分けることができる。

④「ありがたい」の連用修飾用法である「ありがたく」が修飾する漢語の感謝表現が多数で、戦前期において種類が豊富である一方、戦後期では「感謝」「深謝」と「(御)礼」「(御)厚礼」の４種類に絞られる。その中で、「感謝」「深謝」と「(御)礼」は現代のビジネス文書にも見られる漢語の感謝表現である。また、「ありがたく」が漢語の感謝表現を修飾する現象は一時的に盛んになったが、徐々に「ありがとう」系の定型表現の単独の使用が多くなっている。

⑤商用文において「ありがとう」が独立した定型表現で使用されるようになったのは昭和初期頃からである。

　ビジネス文書の前身である商用文は、その150年以上の歴史の中で、表現や形式が様々に変化してきた。感謝表現の「ありがたい」も旧来の書簡文の言語的特徴を保ちつつ、商用文の口語化を経て現代の形式になっている。将来の課題として感謝表現以外の様々な表現を取り上げ、商用文の歴史の全貌を把握し、ビジネス文書史と敬語史に有益な研究をしていきたい。

(注)

(注1)　田島 (2004)　p155
(注2)　泉屋 (2016)　p18
(注3)　木村 (2014)　p196
(注4)　「有難え仕合せ」は１例のみ近代雑誌『太陽』に所出、佐野天声作『銅山王』に見られる。方言の可能性もあるが、現時点で断言し難い。

第三部

ビジネス日本語教科書における感謝表現の扱い

第七章　ビジネス日本語教科書における
　　　　感謝表現の扱い
　　　　―中国の商務日語教材を資料として―

1　はじめに

　近年、世界経済のグローバル化の進展に伴って、中国と日本の経済上のコミュニケーションがますます頻繁になってきた。中国市場を開拓している日系企業の数が急速に増え、日系企業が雇う中国人社員も膨大な数になっている。このような環境の中で、日系企業で働いている中国人社員と日本人社員の交流、また中国企業と日本企業のやりとりを円滑にさせるために、ビジネス活動に従事する人材のビジネス日本語能力を上達させる必要がある。

　ビジネス活動の中で、対人関係は非常に重要であり、配慮表現や待遇表現など対人関係に深く関わる表現が重要な学習項目であると言えよう。その中で、筆者が注目するのは感謝表現である。感謝表現は日常生活でよく使われる表現の一つであり、日常の挨拶や社交の場面で礼儀的な言葉として使用されている。ビジネス場面でも多用され、会社間の付き合い、上下関係の維持、企業イメージと企業文化の中で重要な役割を果たしている。現代語では「ありがとうございます」のような感謝の定型表現があるが、ビジネス場面の感謝表現にはより複雑な形式が見られる。ビジネス文書や企業ホームページでは和語の定型表現を使う他、漢語の感謝表現や複雑な敬語表現を伴う形式が見られる。第一章で述べたように、中国語のビジネス場面における感謝表現を日本語と対照する場合、より簡単な形式が見られる他、上下・親疎関係による待遇表現の変化があまり見られない。この

ような違いは、日本語と中国語自体の特徴と、日中職場文化それぞれの事情によるものである。日中両国とも漢字圏の国であるが、文化や習慣について異なることが多いため、ビジネス場面でコミュニケーションをする際に摩擦や誤解が生じることが少なくない。したがって、感謝表現を正確に使用するために、文法や語彙など言語面の知識だけではなく、ビジネスマナーや相手の文化や習慣に配慮しながら、相応しい感謝の言語行動を選び、相手とのコミュニケーションがスムーズに進められることが望まれる。

ビジネス場面で使われている感謝表現について、何をどのように学生に教えるのかが、ビジネス日本語教育における重要な課題である。高等教育の中で、学生たちが日々触れている教科書は彼らにとって手本になるものであり、ビジネス日本語教育の重要な研究資料である。本章では中国で出版された高等教育機関に使われている「商務日語教材」を取り上げ、ビジネス日本語教科書における感謝表現の扱われ方について考察する。

2 中国の高等教育におけるビジネス日本語

2.1 中国の高等教育におけるビジネス日本語教育の現状

李 (2011) によると、21世紀に入り、中国におけるビジネス日本語教育は著しく成長している。高等教育機関において新設された日本語専門の90%はビジネス日本語で、ビジネス日本語専攻の学生が年に10%ほど増加している。ビジネス日本語専門の開設は、日中経済の交流や学生の将来の就職のニーズに応じ、近年急速に発展しているが、その専門を開設している高等教育機関はほとんど沿海地方や経済発達地区に集中している。

多くの場合は、ビジネス日本語は一般の日本語専門の高学年の選択必修科目であり、本格的にビジネス日本語の習得を考慮に入れる学生は多くないとされている。「対外貿易」関係の大学はビジネス日本語専門を開設している例が多いが、一般の大学の日本語専門では、系統的にビジネス日本語を学ぶことは困難である。

中国の高等教育機関におけるビジネス日本語教育には、様々な問題が存在するが、なかでも注目すべきは教材開発の問題である。李 (2011) によると、近年、中国商務出版社、南開大学出版社、外語教学与研究出版社などによって出版されたビジネス日本語のシリーズ教科書があり、ビジネス会話、文書、商談や市場分析に細分化した教材も登場するようになっている。これらの教科書はある程度ビジネス日本語教育のニーズに応じているが、教科書の種類と数はまだまだ不足している。また、とくに、中国の高等教育機関の専用教科書の開発および審査はかなり厳しく、新しい教科書を開発するより、現行の権威のある教科書を使う方が安全であるとされている (後述の「国家級規劃教材」)。

2.2　ビジネス日本語教育における教材編纂の方針

　中国における従来の外国語教育は言語知識の教授だけが重視されることが多く、コミュニケーション能力や知識の応用などの能力の養成の不足について、多くの研究者が指摘している。近年行なわれているビジネス日本語教育は、言語面だけではなく、総合能力を重視する配慮が徐々に見られるようになってきた。胡・陳 (2012) によると、中国のビジネス日本語教育の急速な発展の中で、ビジネス日本語に関する理論研究はまだ初期段階であると述べている。さらに、「特定の目的のための英語 (ESP)」、「コミュニカティブアプローチ」、「内容中心教授法 (CBI)」に基づき、ビジネス日本語教育は一般的な日本語教育と異なり、以下のような特徴を持つべきであると述べている。

　※下記の①〜⑨は筆者の訳である。
　① 学習者中心の言語教育であること
　② 研究より実学を重視すること
　③ 理論より実践を重視すること
　④ 言語構造より言語運用を重視すること
　⑤ 言語能力より社会言語学を重視すること

⑥　単純な言語運用能力より総合的なコミュニケーション能力を重視すること
⑦　理解能力より実践的な能力を重視すること
⑧　言語の正確さより実際の業務の成果を重視すること
⑨　商業知識、ビジネスマナーや社会文化知識は不可欠であること

　胡・陳 (2012) によると、ビジネス日本語の教材の編纂について上記の点を踏まえ、ビジネス関係や言語運用の内容を優先し、待遇表現を中心とした社会言語学能力の養成に重点が置かれることが望まれ、また、ビジネス場面で使われる敬語表現、日本人特有の「配慮表現」「婉曲表現」を考慮に入れるべきであると指摘している。商業知識、ビジネスマナーや日本事情・文化知識に関する内容は単に教科書に羅列することだけではなく、言語知識と結合させながら、より実用性のある内容に取り組むことが重要であると述べている。

2.3　中国における「商務日語教材」の現状

　中国の高等教育におけるビジネス日本語教材は、「商務日語」、「外貿日語」、「経貿日語」(経済貿易日語) などの用語を使用している。

　本来、ビジネス日本語専門の設置は、「対外貿易」のために相応しい人材の育成を目標としている。「対外貿易」に関わる高等教育機関 (「対外経済貿易大学」などの大学) においてビジネス日本語の教育が最初の一歩を踏み出した (注1)。日中経済の交流の発展に伴い、「対外貿易」領域のみならず、日系企業や日中合資企業にビジネスを理解し、日本語を上達する人材が更に求められている。これらの需要の拡大により、一般の日本語専門向けのビジネス日本語の教科書も数多く出版されるようになった。ビジネス日本語の概念の範囲は「外貿日語」から「商務日語」へ拡張し、これが現在の統一的な用語とされている。本章では中国のビジネス日本語教科書を「商務日語教材」に統一して考察を加える。

　卜 (2014) は中国における「商務日語教材」の現状について以下の点を

挙げている。

　※原文は中国語、(1)〜(3)は筆者が訳し、まとめた内容である。
　(1)「商務日語教材」に関する研究はまだまだ初期段階にとどまる。
　中国におけるビジネス日本語に関する学術論文は近年増加しているが、ビジネス日本語教科書に関する研究は少ない。
　(2)　日本語専門の在校生向けの教科書の欠如。
　現在、中国の大学で使われている「商務日語教材」は２種類存在している。一つはビジネス活動で日本語の運用能力に関する教科書――ビジネス日本語会話、ビジネス文書、ビジネス聴解などの専門教科書。もう一つは日本語で書かれた経済、貿易、金融などに関する教科書である。市販されている教科書や独学向けの教科書の種類は多いが、日本語専門の在校生専用で、単独で開発された教科書が少ない。また、各高等教育機関で使われているビジネス日本語教科書は混乱した状態にあり、安定した権威のある教科書に欠けている。
　(3)　現行の「商務日語教材」に対する不満足感
　ト(2014)は天津外国語大学日語学院の在校生213名に対し、「商務日語教材」について①商務日語課程の目標、②商務日語教材の教学効果への評価、③商務日語教材の内容への評価、④商務日語教材への期待という四つの点から、満足度のアンケート調査を行っている。その結果、「満足している」と答えた学生は僅か10％前後であり、「補助教材の欠如」、「現実のビジネス活動とかけ離れている」、「系統的な知識構築ができない」などの問題点が挙げられている。学生の「商務日語教材」に対する期待を以下回答者数順に揚げる。
　※下記の①〜⑪は筆者の訳である。
　①　ビジネスコミュニケーション能力の養成
　②　教科書編纂者は豊富なビジネス経験がある
　③　実際の業務に近い内容
　④　趣味性のある内容

⑤ 目新しい、ユニークな内容
⑥ 中日対訳形式の教科書
⑦ ビジネス敬語、ビジネスマナーが学べる
⑧ ビジネス日本語会話、ビジネス文書などを含める総合的な教材
⑨ 音声や視聴の補助教材
⑩ ビジネス実戦の模擬練習
⑪ 大量な常用のビジネス専門用語

が挙げられる。

3 研究対象と研究方法

　感謝表現を扱わない日本語教科書がないと言ってもよいくらいであるが、各種の教材それぞれの性質、学習目的、学習者のニーズの違いによって、その扱われ方が異なることが予想される。本節はまず、本章で取り上げる「商務日語教材」について論じたい。

　松嶋(2003)は中国で出版された日本語教材を対象とする研究であり、文中に様々な市販されている教科書として総合教科書、経済・商法などの案内書、ビジネス文書文例集、会話中心の教科書、通翻訳者養成のための教科書、日本人の商習慣理解に重点をおいた教科書などが挙げられている。ところが、これらの教科書の多くは社会人独学用のものや、高等教育以外の日本語学習者向けの教科書である。実際に中国の高等教育機関で使われているビジネス日本語の教科書は、外国語に関わる高等教育機関が開発したものが多い。その中で、最もレベルの高いものは「国家級規劃教材」とされている。

3.1 「国家級規劃教材」について

　中国の普通高等教育は専科教育(職業教育)、本科教育と研究生教育の三つの段階に分けられている。その中で、専科教育と本科教育はそれぞれの「国家級規劃教材」が存在し、権威のある教材として幅広く使われている。

「国家級規劃教材」とは中華人民共和国の教育部が主導し、各高等教育機関が編纂・出版する教材である。これらの教材は専門組織と専門家の審査により、「国家級規劃教材」として認定され、表紙に専用の標識が記されている。「国家級規劃教材」は中国の普通高等教育における最高レベルに達した教材とされており、幅広い専門分野を包含している。「国家級規劃教材」を使わない大学はないと言っても良い。教材の審査時期によって、「十五国家級規劃教材」「十一五国家級規劃教材」「十二五国家級規劃教材」に分けられる(注2)。現在の本科教育における「国家級規劃教材」は「十一五国家級規劃教材」「十二五国家級規劃教材」の教材が主流であり、日本語専門の教材もこの時期のものが多い。一方、専科教育が使う教材はそれほど高レベルなものが求められておらず、「国家級規劃教材」以外の大学が開発した教科書や一般市販の教科書を使う場合もある。「国家級規劃教材」として認定されている教材もそれほど多くない。

3.2　調査対象とする「商務日語教材」

現在、本科教育と専科教育の日本語専門が使う「国家級規劃教材」として認定されている日本語教科書は数十種類あるが、ビジネス日本語教科書に特化したものは少ない。

本章で調査する中国の商務日語教材を以下に示す(注3)。

普通高等教育「十一五」国家級規劃教材
- (1)　羅萃萃・阿部誠編著　『新編商務日語総合教程』　東南大学出版社　2012年新版出版
- (2)　江新興・李愛文主編　『商務基礎日語』1-3冊　中国商務出版社　第1、2冊・2006年、第3冊・2008年出版
- (3)　皮細庚主編　『商務日語会話』　中国商務出版社　2007年出版
- (4)　劉金華主編　『外貿函電日語』　北京語言大学出版社　2007年出版

「十二五」職業教育国家規劃教材
- (5)　吉岡正毅・高見澤孟他主編　『標準商務基礎日語』1-4冊　外語

教学与研究出版社　第1冊・2008年、第2冊・2009年、第3冊・2010年、第4冊2011年出版

(6)　高見澤孟・陳岩主編　『標準商務日語会話』1-2冊　外語教学与研究出版社　第1冊・2009年、第2冊・2010年出版。

その他の商務日語教材

(7)　李愛文著　『商務日語談判』　中国商務出版社　2006年出版

(8)　張新華主編　『国際商務日語函電』　中国商務出版社　2009年出版

(9)　刁鵬鵬編著　『新版商務談判日語』　大連理工大学出版社　2015年第3版出版

以上9種、計15冊が本章の調査対象である。上記の中で、(2)、(3)と(8)、(9)は同じシリーズであるが、(2)、(3)のみは「国家級規劃教材」として認定されている。その他、(10)は「遼寧省「十二五」普通高等学校本科規劃教材」であり、「国家級規劃教材」ではない。

また、(2)『商務基礎日語』と(6)『標準商務基礎日語』はビジネス日本語(貿易日語)専門向けの教科書で、中国教育部が制定した大学の日本語専攻基礎段階教学大綱(注4)に従い、編纂された教科書である。(7)『標準商務日語会話』はビジネス日本語専門向けの基礎会話教科書で、その他はすべて高学年向けのものである。

3.3　教科書の分類と各書の構成

表1　商務日語教材の種類

種類	教科書名
総合教科書	(1)『新編商務日語総合教程』 (2)『商務基礎日語』 (5)『標準商務基礎日語』
ビジネス会話教科書	(3)『商務日語会話』 (6)『標準商務日語会話』 (7)『商務日語談判』 (9)『新版商務談判日語』
ビジネス文書教科書	(4)『外貿函電日語』 (8)『国際商務日語函電』

各書の構成を表2に示す。

表2　調査対象各書の構成

教科書名	構成	詳細
(1)『新編商務日語総合教程』	全20課	コラム(日本社会の習慣に関する内容、タイトルは日本のことわざ)、商業・法律知識、ビジネス文書作成の要領と例文、通訳練習によって構成
(2)『商務基礎日語』	第一冊:「語音段階」10課、「基礎段階」12課構成 第二冊:全14課 第三冊:全16課	「語音段階」は発音に関する知識、以降の各課は本文、新出単語、、文法、文型、言葉の解釈、練習によって構成 第二冊の本文は会社における日常の場面の会話文で、本文の後に「要約文」が付いている 第三冊は「応用会話」が追加される。本文は経済貿易に関する読み物
(3)『商務日語会話』	全18課 「商務接待」1-8課、「商務交渉」9-18課二部構成	会話、単語、フレーズ、コーヒーブレイク(ビジネスマナー、日本の商業知識と日本事情に関するコラム)
(4)『外貿函電日語』	全18課	テーマごとに解説、会話文、ビジネス文書の文例、練習問題によって構成 日中対訳の教科書である
(5)『標準商務基礎日語』	第一冊:「入門編」9課、「本編」10課構成 第二冊:全16課 第三冊:全12課 第四冊:全12課	第一、二冊 はじめに、会話、解説、関連語彙、練習、単語表、日本のビジネス事情・文化事情、問題によって構成 第三、四冊 はじめに、読解、内容質問、解説と例文、練習問題、会話、会話機能練習、解説と会話基礎練習、会話練習、STBJ練習問題、ビジネスパーソン日記/ビジネス文書、単語表によって構成
(6)『標準商務日語会話』	第一冊:全20課 第二冊:全15課	基本会話、補足表現、解説、練習、応用会話、単語と表現、自由会話、課末課題 第二冊の各課の最後に「STBJ練習問題」が追加される 第一冊に「日本のビジネス事情・文化事情」、第二冊に「ビジネス文化情報」のコラムあり

(7)『商務日語談判』	全14課	本文、単語と専門用語、補足単語と専門用語、通訳練習、参考訳文によって構成
(8)『国際商務日語函電』	全16単元 55課	単元1はビジネス文書とビジネスメールの書き方の紹介 以降の各課の主体はビジネス文書の文例である 各単元の冒頭に解説、後に差し替え、新出単語、演習によって構成
(9)『新版商務談判日語』	全20課 「常識編」第1-10課、「実戦編」第11-20課二部構成	商務教室、模擬商談、「能力拓展」「速読」「知識百科」という商業知識・日本事情に関するコラム、難点注釈、総合練習、応用練習、専門単語によって構成、各課の後に参考訳文がつく

4 中国の商務日語教材における感謝表現の扱い

4.1 考察項目について

　中道・土井(1994)は感謝表現の構造について、「『感謝を学習する』とは、感謝の専用表現を知ることにとどまるべきではない。まず、それぞれの表現は、どのような単位方略の実現として、どのような場合に選択されるかを知る必要がある。さらに、感謝という課題については、それを遂行するための方略(ストラテジー)の構造、つまり、何をどんな順で述べるか、どんな非言語行動をどこに挿入するかを学習項目とするべきである。必ずしも感謝専用の表現を用いなくても、感謝を十分遂行することは可能である」と述べている。また、前述の教科書の分類と構成によると、会話文における話し言葉の感謝表現とビジネス文書・メールにおける書き言葉的な表現についてビジネス場面ではそれぞれ用法の違いも学習項目である。これらの観点から、感謝表現の学習項目を細分化し、以下のように考察項目を設定する。

　① 課題として感謝表現を取り上げ、そのストラテジーの構造を示す内容の有無

② 感謝表現の文法的構造についての解説の有無
③ 会話文における感謝表現の解説の有無
④ ビジネス文書における感謝表現の解説の有無
⑤ ビジネスマナーや日本の商習慣に感謝表現に関する解説の有無
⑥ 感謝に関する練習問題の有無

以上の考察項目に従い、「商務日語教材」における感謝表現の扱いの実態を表3に示す。

表3 「商務日語教材」における感謝表現の扱い

※ 感謝表現に関する内容や記述がある場合は「○」、見当たらない場合は「×」と記する。

教科書名	①課題	②構造	③会話	④文書	⑤マナー	⑥練習問題
(1)『新編商務日語総合教程』	○	×	×	○	○	○
(2)『商務基礎日語』	○	×	×	○	○	○
(3)『商務日語会話』	×	×	×	×	○	○
(4)『外貿函電日語』	×	×	×	○	○	○
(5)『標準商務基礎日語』	○	○	○	○	○	○
(6)『標準商務日語会話』	×	○	○	×	○	○
(7)『商務日語談判』	×	×	×	×	×	○
(8)『国際商務日語函電』	○	×	×	○	○	○
(9)『新版商務談判日語』	×	×	×	×	○	○

「商務日語教材」において感謝表現を扱う箇所は、ビジネスマナーに関する解説と練習問題に多く見られることがわかる。単独の課題として取り上げる教科書は(1)、(2)、(5)、(8)で、感謝表現の文法的構造と話し言葉における解説は教科書(5)、(6)にのみ見られる。ビジネス文書における感謝表現の解説は、ビジネス文書文例集類の教科書だけではなく、『新編商務日語総合教程』と『商務基礎日語』のような総合教科書にも扱う箇所が見られる。

4.2 課題としての感謝

表3によると、本章で調査した9種の教科書の中で、4種が感謝表現を単独の課題として取り上げ、一課分の内容に収めている。それぞれ『新編商務日語総合教程』の第十八課「感謝と祝賀」、『商務基礎日語』第二冊、第十四課「感謝と祝賀」、『標準商務基礎日語』第三冊、第4課「感謝」、『国際商務日語函電』単元二「社交文書」、第七課「礼状」である。

具体的な内容を見ると、『新編商務日語総合教程』の「感謝と祝賀」、『商務基礎日語』の「感謝と祝賀」、『国際商務日語函電』の「礼状」は、ビジネス文書における「礼状」の書き方の紹介と文例である。この3課の中で、感謝表現のストラテジーの構造を示した内容としては、

感謝要旨(ママ)と礼状作成要領
(1) お世話になったら、結果に関係なくタイミングを逃さないように礼状を送ること。
(2) 先ず、感謝の気持ちを率直に述べること。
(3) お礼を述べる内容を明確にし、他の用件を書かないこと。
(4) 相手のその行為が自分にどのようなメリットを齎したかを述べること。
(5) 文末に再度相手に感謝を述べること

(『新編商務日語総合教程』 p170 第十八課 「感謝と祝賀」)

のように、感謝を述べる手順と留意点を学生に提示している。他の二冊に

おける感謝表現の扱いは、単に慣用的な表現や文例を示した内容で、感謝のストラテジーの全体的な構造についての解説が欠けている。

『標準商務基礎日語』第三冊、第4課「感謝」は、会話における感謝の述べ方を課題とし、その全体的な構造を提示したものである。全課の構成を以下に示す。

 読解：日本人の「感謝の文化」に関する読み物

 解説と例文：読解の文法項目の解説と例文

 会話：感謝する①—取引先の支店を訪問し、道を教えてくれた支店の職員に感謝する場面。
  感謝する②—取引先の部長からお土産をもらい、感謝する場面。数日後の再会に礼を述べるという「二度目の感謝」の場面も設定している。

 会話機能練習：上記二つの場面の構成の解説に当たる要約文を掲げる。

 解説と会話基礎練習：「丁寧な感謝の述べ方」、「カジュアルな感謝の述べ方」、「丁寧な感謝の受け方」、「カジュアルな感謝の受け方」の四つの部分から感謝の度合いと使い分けを例文で提示し、中国語の解説を付している。

 会話練習：ロールプレイ練習—「一日中で謝辞を述べる場合」、「後日改めて謝辞をのべる場合」の二種類の場面設定。後に会話例と会話練習によって構成している。

 STBJ練習問題：創立記念祝賀会における挨拶や祝辞の場面設定。

 ビジネス文書②　メール文書：「御礼」の文例のみ、解説なし。

（『標準商務基礎日語』 p92-113 第4課「感謝」より）

以上のように、『標準商務基礎日語』における「感謝」の内容は、感謝表現の形式と構造を非常に詳細な工夫によって取り込んでいる。とくに、会話機能練習とロールプレイの会話練習は、直接的に学生に感謝表現の構造を示すもので、理解に大きな効果を与えることができる。すべての考察資料を見渡しても、このような扱いはこの一課にしか見られない。

また、感謝のストラテジーの全体的な構造を提示するまでに至らなくても、会話の一環としてその流れを構成する要素に当たる内容は、いくつか見られる。多くの場合は「お礼の挨拶」として、具体的に面会などの冒頭に「お世話になりまして、ありがとうございます」「わざわざお越しいただき、ありがとうございます」のような「接触開始における感謝」と、面会・電話などが終了する時の「ありがとうございました」のような「接触終了の感謝」として扱われ、感謝表現をその中の一環として会話文に収めている。調査した限りでは、『新編商務日語総合教程』第五課「カタログとサンプル送付」、『商務日語会話』第7課「宴会の席で」、『商務基礎日語』第二冊第一課「出迎え」、『新版商務談判日語』第3課「訪問と接待」などがそれに当たる内容である。いずれも解説が付されていないものである。

4.3 感謝の言語形式とその扱われ方

　感謝表現を上手に使用するには、感謝専用の表現を覚えるだけではなく、そのストラテジーの使い分けや構造を明らかにする必要があるとすでに前節で述べている。次に、実際に「商務日語教材」では感謝表現がどのような言語形式で取り込まれているかについて考察を加えたい。

　話し言葉に相当する会話文では、感謝の表明としての「どうもありがとうございます/ございました」が多く教材で扱われており、教科書における出現位置を見ると、かなり早い段階で導入されることがわかる。しかし、その用法の解説は、『標準商務日語会話』第一冊第四課「疑問文」、前述の『標準商務基礎日語』第三冊、第4課「感謝」という基礎段階の教科書にしか見られない。

　謝罪の言語行動である「どうもすみません」、省略表現の「どうも」は感謝のストラテジーの表現として、会話文に点在している。そのほか、恩恵や贈り物を受けた場合、「恐れ多くもいただく」の申し訳ないの気持ちを表す「恐縮です」「恐れ入ります」や面会や文書・メールでの日頃の恩恵に対する感謝の挨拶「お世話になります」、仕事の終了、退席などの時

の「お疲れ様です」、下位者に対する「ご苦労様」も感謝の言葉であり、感謝を遂行する慣用的な表現である。これらの内容も感謝の学習項目にすべきであると考えられる。実際に、調査した会話教科書では、

王： 私は東方貿易会社のもので、王明と申します。会社を代表してお迎えさせていただきます。これは私の名刺です。はじめまして、どうぞよろしくお願いいたします。
青木：あっ、青木です。こちらこそ、どうぞよろしくお願いします。わざわざ出迎えいただいて<u>恐れ入ります</u>。
王： ようこそいらっしゃいました。青木様のご来訪を心からお持ちしております。
青木：やあ、上海を訪問できて、私もたいへん嬉しいです。
王： お荷物をお持ちしましょうか。
青木：<u>あっ、どうもすみません。</u>
王： 朝が早かったので、さぞお疲れでしょう。では、ホテルへ参りましょう。車を用意しております。どうぞ、こちらへ。
青木：<u>どうも。</u>

(『商務日語会話』 p1　第1課「空港への出迎え」)　会話)

のような感謝の表明以外のストラテジーに配慮する会話文が見られる。これらの感謝表現について解説する部分が見当たらないので、学生の理解に混乱を招く可能性があると考えられる。ここでは、教員による解説が重要であると言えよう。

また、ビジネス文書・メールにおける感謝表現は、ビジネス文書文例集類の教科書と総合教科書で扱われているが、感謝の挨拶を直接的に例文に示すことが多い。書き方における感謝の使い分けについての言及が希少である(メール冒頭の「いつもお世話になっております」の言及は一部の教科書にある)。

4.4　ビジネスマナー、商習慣としての感謝

ビジネスマナー、商習慣としての感謝表現の内容は各教科書のコラムや読解文などに散見し、決まった形式がない。扱う内容と場面にもばらつきが見られる。例えば、

① 结束谈话时，要说"谢谢""今后还请多关照"，等对方先挂断再放下听筒。
（談話終了の際、「ありがとうございます」「今後とも宜しくお願いいたします」などと言い、相手が電話を切った後に電話を切る。）」

（『商務基礎日語』p66　第一冊　第二課
「営業部はどこにありますか」電話の受け方の基本）

② 要拜访的人进来后要立即起身打招呼，并对对方抽出宝贵时间来接待表示感谢。……最后，不要忘记对对方的接待表示感谢。
（相手が入室した後、すぐ挨拶し、相手の接待に対する感謝の意を表す。……最後に、相手の接待に対する感謝の意を（もう一度）表す。）

（『商務基礎日語』p101　第一冊　第四課
「ここが私たちの会社です」他社訪問のマナー）

③ もう一つ、日本人はお礼の言葉を頻繁に使います。お礼の言葉はいつ聞いても気持ちがいいものですから、一度目はその場で、二度目は後日その人に会ったとき、改めてお礼を言う習慣があります(注5)。また、「すみません」という言葉は、自分の非を認めて謝っているとは限りません。それをよく口にするのも日本文化の表現の一つだと思うのです。

（『新版商務談判日語』　p126　第8課
「異文化交流」　コミュニケーションギャップ）

※上記①〜③の（　）内は筆者による訳である。

上記の①〜③は、ビジネスマナーや商習慣としての感謝の典型的な例である。①、②における電話を切る場合と訪問の最後の感謝や②の面会開始

の挨拶は、中道・土井（1994）のいう「接触の開始」、「接触の終了」の感謝の単位方略を表した内容で、③は「その場の感謝」と「二度目の感謝」について言及した内容である。いずれもそれぞれ構造を示す会話が見当たらないので、教員が学生に例文を提示し、ビジネスマナーの内容の補足として学生に示すのが望ましいであろう。また、前述 4.2 で述べた「お礼の挨拶」のような内容と合わせて説明するのも一つの方向性として考えられる。

5　問題点と提言

以上のように、中国の高等教育に使われている各種の「商務日語教材」は、感謝表現という学習項目についてそれぞれ扱っており、教材ごとの傾向が指摘できる。

本章での調査結果を踏まえ、以下に「商務日語教材」における感謝表現の扱いについての改善点を提言として述べる。

①　感謝表現の課題・ストラテジーとしての内容の統合

　　本章で調査した「商務日語教材」において感謝表現を課題として取り上げ、その構造を示す教科書が少ないので、感謝表現を指導する際に、感謝を会話文、ビジネス文書・メールの文例として提示するだけではなく、感謝表現を理解する上で学習目標を明確にし、感謝のストラテジーの構造の解説やロールプレイなどの練習を取込む。

②　感謝の使い分けに工夫する

　　話し言葉と書き言葉におけるそれぞれの感謝表現の使い分けについての解説が欠けている教科書が多いので、とくにビジネス場面という対人関係が重要な場合では、待遇表現などの観点から感謝表現の使い分けを明確にする必要がある。また、中国人と日本人の感謝行動の異同をより明らかにし、ビジネスマナーや日本文化への理解ができるようにより現実的な説明を工夫する。

③ 教師の指導力の向上

　　ビジネス日本語を指導する際に、教師のビジネス日本語への理解はかなり重要であろう。ビジネス日本語専用の教師用指導書の開発および教師陣の指導力の向上は今後視野に入れるべきではないかと考える。

③ 補助教材の使用

　　ビジネスの実際の場面に関して、短い授業時間だけでそれに触れることは無理なので、校内の選択カリキュラムや参考書を推薦することが望ましい。また、ビデオなどの映像手段やインターネットを通して、学生の視野を広げ、より実用性のある感謝表現を学習できるように工夫すべきであろう。

以上、中国の高等教育における「商務日語教材」について検討した。まだまだ不十分な点があり、残っている課題も多い。今後ビジネス日本語における感謝表現の実態を解明し、より実践的な調査を行いたいと考えている。

(注)

(注1)：李(2011)　p8
(注2)：「十五」「十一五」「十二五」などは中国の五カ年計画の略称である。中国の高等教育教材は編纂・審査時期によって、この計画経済の用語を用いる。「十五」は2001年～2005年、「十一五」は2006年～2010年、「十二五」は2011年～2015年の期間を指す。
(注3)：原書のタイトルや著者名が中国語の簡体字になっているが、本章は日本の漢字に統一する。
(注4)：中国国家教育部が制定した「教育大綱」については余(2017)p56を参照。
(注5)：具体的には「先日はありがとうございました」など。

終章　結論と今後の課題

1　本論の概要

　序章で述べた通り、日中両国のビジネス場面における感謝表現の異同についての研究は新分野であり、まだまだ解明されていない課題が多い。ビジネス場面ではどのような感謝表現を使うのか、また日本語と中国語の感謝表現についての相違を学習者及び日中経済活動の従事者に提示することが非常に重要である。本論は多彩なビジネス言語資料を取上げ、日中ビジネス場面における感謝表現の使用実態及び異同、ビジネス文書史における感謝表現の史的変遷、または中国の高等教育機関の現行のビジネス日本語教科書における感謝表現の扱いと改善点などの課題を巡り、考察を行った。

　本論の内容は大きく三つの部分に分かれており、以下に研究の結果をまとめ、今後の課題について述べる。

2　ビジネス場面における感謝表現の日中対照研究

　本論の第一部では、日中ビジネス文書・会話における感謝表現の使用実態と異同を究明するため、両言語のビジネス文書とビジネス会話資料を取上げ、そこに出現する感謝表現を「感謝型表現」「謝罪型表現」「事実関係の叙述の表現」「その他の感謝表現」に4分類して、考察を行った。

2.1　ビジネス文書における感謝表現の日中対照研究

第一章では日本のビジネス文書文例集6冊と、中国の商務文書文例集3冊を取り上げ、感謝型表現、謝罪型表現、事実関係の叙述の表現、その他の感謝表現の用例を集め、各表現の用例数、出現位置、修飾語、特徴と用法などについて分析した。明らかにした点を以下にまとめる。

① 日本語ビジネス文書と中国語ビジネス文書では、いずれも「感謝型表現」が多用される。他の「謝罪型表現」「事実関係の叙述の表現」「その他の感謝表現」の使用は少ない。特に「謝罪型表現」は日本語ビジネス文書にしか出現しない。中国語ビジネス文書の「事実関係の叙述の表現」は1例のみで、日本語ビジネス文書の「おかげさまで」、「お世話になります」のような定着した決まり文句はない。両言語とも「話し手の気持を表出」の感謝表現が見られる。

② 日本語ビジネス文書における「感謝型表現」には「ありがとう」「お礼」「感謝」「深謝」の4つの基本形式がある。その中で一番多いのは「お礼」であり、次に「ありがとう」「感謝」「深謝」の順となる。「ありがとう」と「お礼」の出現する文書の種類は幅広く、会社間の業務のやりとりの文書と社交文書で多用される。「感謝」と「深謝」は主に社交文書で使用する。

③ 中国語ビジネス文書における「感謝型表現」は「感谢」「谢谢」「多谢」「感激」「谢意」「谢忱」の6種類が見られる。その中で「感谢」が一番多く使用され、「谢谢」と「多谢」のような話し言葉も多く見られる。

④ 日本語の感謝表現の形式と修飾語は豊富であり、特に「お礼」と「感謝」の形式が多く、多重修飾語も見られる。感謝表現の丁寧さがかなり重視され、対人的配慮と人間関係(ビジネス文書の場合は取引先など)の維持には重要な役割を果たす。それに対して、中国語の感謝表現の形式は単一であり、修飾語を用いない場合が多い。

⑤ 日本語ビジネス文書の感謝表現は、文頭挨拶と文末挨拶のような用法が目立ち、それらには相手への配慮と日本企業の習慣が見られる。一方、中国語ビジネス文書ではこのような挨拶の感謝表現がなく、同

じ種類の文書で謝意の低い場合が多い。
⑥ 中国語ビジネス文書では「仮定された行為に対する感謝」の例が見られるが、日本語ではこのような場合、「希望の意の表明」など依頼のストラテジーが多用される。

2.2 企業ウェブサイトにおける感謝表現

　第二章では第一章で見られた日本語から3種、中国語から5種の感謝型表現をキーワードとし、日中メガバンクのホームページのサイト内検索エンジンを利用し、企業ウェブサイトにおける感謝表現の使用実態について考察を行った。その結果、感謝型表現「ありがとう(有難う)」「感謝」「お礼(御礼)」は社外文書に相当する企業ウェブサイトには多く使われていることが分かる。日本の三井住友銀行、三菱東京UFJ銀行、みずほ銀行において感謝の定型表現を使用している文書の種類は大きく①報告書・レポート類、②お知らせ・案内類、③会社情報・会社イベントに分類できる。ビジネス文書における感謝表現と異なり、「ありがとう」類が圧倒的に多用され、「お礼」、「感謝」類の感謝表現の用例数は少数であった。

　また、中国の「四大銀行」である中国建設銀行、中国銀行、中国工商銀行、中国農業銀行のホームページにおける感謝表現の使用傾向と特徴について、公式の社外文書、お知らせ・案内類の文書は「感謝」の使用が多数で、ある程度ビジネス文書におけるあらたまった表現の一つであると言えよう。「谢谢」は文書の末尾に文書全体を締めくくる機能を果たす用例が特徴的である。また、中国の銀行ホームページにおける各種報告書では、日本の銀行ホームページのような文頭挨拶の感謝表現が見られない。

2.3 ビジネス会話における感謝表現の対照研究

　第三章はビジネス会話における感謝表現の使用実態について日中対照研究を行うため、自然なビジネス会話を反映させて創作されたと考えられる日中経済小説8冊を取り上げ、序章で述べた本論の感謝表現の分類に従い、

待遇表現の視点から上下・親疎関係および社外・社内の場面の異同によって感謝表現の使用傾向について考察を行った。

日中の経済小説はともに感謝型表現が一番多く、特に中国語の感謝型表現は全体に占める割合が高い。日中経済小説における感謝型表現について以下の点を明らかにした。

日本語：

「ありがとう」の敬体の「ありがとうございます」「ありがとうございました」はすべて社外のやりとりまたは上位に対して用いている。上位→下位、または追い詰めるような強い場合では普通体を用いている。「ありがたく」、「ありがたい」は感謝の意を表すと同時に、相手へのプラス評価/自分の気持を表出することもできる。

「感謝する」は社外の場面でほとんど使用せず、個人的な会話、同僚、親友間の会話で用いられる。

「礼を言いたい」「お礼申し上げます」のような「お礼」類の表現は話し手の感謝の姿勢を示し、或いは感謝の必要性の言明のような場面で多く用いられる。ビジネス文書のような多くの場合で「お礼申し上げます」だけで感謝を遂行するのに対し、会話場面における「お礼」は他の感謝表現を伴い説明的な表現になっている。感謝の姿勢を言明するような機能を有している。

フォーマルな場面あるいは社外のやり取りでは「ありがとう」と「ありがたく/ありがたい」の使用が多いのに対して、「感謝する」、「礼を言う」は同僚、親友間の会話で使われ、公的場面での使用は希少である。

中国語：

中国語の感謝型表現には、「谢谢」の用例が最多で、豊富な形式が見られる。具体的に、「谢谢」の単独の使用、繰り返し用法、「谢谢」＋代名詞・肩書・動作・事実のような多様な用法が見られる。

中国語の「感谢」は上位者への配慮と尊敬を示したり、「谢谢」より限定される現場・会議のようなフォーマルな場面で用いられる

他に「感激」「多谢」「重谢」の感謝型表現の用例が見られるが、いずれも希少であり、主に私的場面で使われている。

また、謝罪型表現、省略表現は日本語経済小説特有の表現である。「おかげ」と「多亏／幸亏」、慰労の念を表す「お疲れ様／ご苦労様」と「辛苦」はそれぞれ類似する表現であるが、日本語の方は使用が多く、表現形式も中国語より豊富である。

考察した表現の謝意の深さを見ると、日本語は上下関係によって感謝の程度が変わってくるが、中国語の同じ場面では「谢谢」のひと言で済む場合が多い。

3　近現代商用文における感謝表現

本論の第二部は明治末期～昭和戦前期の商用文例集 7 冊と、昭和戦後期の商用文例集 5 冊を取り上げ、候文・口語文の商用文における 17 種類の漢語の感謝表現及び和語の感謝表現「かたじけない」と「ありがたい」の使用実態について考察を行った。

3.1　近現代商用文における漢語の感謝表現について

第四章は商用文における漢語の感謝表現の種類と用法と、漢語・和語それぞれの使用率の推移を考察し、近現代商用文における漢語の感謝表現の使用実態を明らかにした。

商用文に見られる漢語の感謝表現は、感謝、感激、感佩、感銘（肝銘）、謹謝、厚謝、幸甚、謝、謝意、謝恩、深謝、多謝、拝謝、万謝、鳴謝、（お／御）礼、（御）厚礼の 17 種類である。漢語の感謝表現使用率と年代の変化の関係を見ると、急激な変化がなく、年代による大きな違いが見られない。

ただし、各文例集の感謝表現の内訳を見ると、感謝表現「（お／御）礼」の定型化が漢語感謝表現の使用率を大きく左右していることが認められ

る。漢語の感謝表現の年代的推移を見ると、「(お/御)礼」以外の漢語の使用率は減少の趨勢を示している。「(お/御)礼」の使用は次第に頻繁になり、和語の感謝表現と「(お/御)礼」の使用が主流の感謝表現になる。両者合わせて昭和以降の文例集ではすべて6割以上の使用率を保っている。

漢語の感謝表現が用いられる文書の種類を見ると、使用例の少ない漢語の文書の種類にはばらつきが見られる。また、同じ種類の文書で多様な漢語表現を用いる例もある一方で、同じ漢語表現が多様な種類の文書で使用されるなど、著者による個人差の影響が強く認められる。戦前の文例集に使われる「鳴謝」「感佩」「厚謝」「万謝」「謹謝」「多謝」は戦後、全く使われなくなり、このような感謝表現はほとんど死語になり、現代のビジネス文書にも見られず、史的変遷が認められる。

3.2 「かたじけない」の消滅について

第五章では近現代商用文における「かたじけない」の用法及び消滅の原因を明らかにした。商用文例集における「かたじけない」の使用実態と用法の特徴について以下の点が明らかになった。

① 「かたじけない」は近現代の商用文例集でしばしば用いられることがあり、その使用は昭和末期まで残存している。

② 近現代の商用文における「かたじけない」は連用修飾の「かたじけなく」、そのウ音便の「かたじけのう」と、サ変複合動詞で用いられる。連用修飾としての「かたじけなく」が感謝表現を修飾する例が10例、連用形終止が2例見られる。「かたじけのう」は口語体の商用文例集に3例が見られ、使用は希少であった。サ変複合動詞は「かたじけなくす(かたじけなうす)」の形式で用いられており、多くの文例集から用例が見られる。

③ 「かたじけなくす(かたじけなうす)」は「いただく」「たまわる」などの受益表現のように用いられる。

④ 「かたじけなくす(かたじけなうす)」を伴う文には、過剰な敬語表現と感謝表現が使用されているため、現代のビジネス文書の表現の視点からみれば、読み手にやや大袈裟に感じさせる可能性がある。
⑤ 「かたじけない」と「ありがたい」は、多くの場合敬意の差が見られない。

また、商用文における「かたじけない」の消滅の原因について、「かたじけない」自体に使用上の不便さが生じたためと考えられる。とくに、私見として、「かたじけなくす」は複数の意味を併せ持っており相手に曖昧な態度を与える表現ではないかと考える。現代のビジネス文書は、以前の個人の書簡とは違い、伝達性、簡潔性が重視されるため、このような曖昧さや意味上の不適切さのある表現を避けなければならない。昭和末期以降、企業文書の規範化、統一化により、このような個人の好みが顕著である表現が消滅したのではないかと考える。さらに、「かたじけない」(とくにサ変複合動詞の「かたじけなくす(かたじけなうす)」の場合)は使用上のニュアンスを把握することが難しく、自己謙遜よりも、「ありがとう」のような直接的に感謝の意を表すのが妥当であり、言語の曖昧さを避ける表現であると言えよう。

また、もう一つの原因として、感謝専用の表現「ありがとう」と恐縮専用の表現「恐縮」「恐れ入る」が商用文で用いられるようになり、その機能も明確化したことで、「かたじけない」の使用は不必要になったのではないかと考える。

3.3 近現代商用文における感謝表現「ありがたい」について

第六章では近現代商用文における「ありがたい」の表記の変化、用法の特徴と定型表現の変遷などの課題について考察を行った。明らかにした点を以下にまとめる。

① 「ありがたい」の各形式は候文体の商用文と口語体の商用文から使用例が多数確認できる。表記について候文体の商用文においては漢文

風の転倒の「難有」が目立つ一方、商用文の口語化によって徐々に漢字仮名交じり表記に変化する。
② 「ありがたい」の連体修飾用法は、戦前の文例集における「有り難き仕合せ」の使用が目立つ。「有り難き仕合せ」と条件表現の共起は現代のビジネス文書における条件表現＋「幸い」「幸甚」の用法に相当するものであるが、戦後期ではすでに使われなくなっている。
③ 「ありがたい」の連用形の用法は連用修飾用法、連用形中止法、「ありがたく」系の定型表現と「ありがとう」系の定型表現に分けることができる。
④ 「ありがたい」の連用修飾用法である「ありがたく」が修飾する漢語の感謝表現が多数で、戦前期において種類が豊富である一方、戦後期では「感謝」「深謝」と「(御)礼」「(御)厚礼」の４種類に絞られる。その中で、「感謝」「深謝」と「(御)礼」は現代のビジネス文書にも見られる漢語の感謝表現である。また、「ありがたく」が漢語の感謝表現を修飾する現象は一時的に盛んになったが、徐々に「ありがとう」系の定型表現の単独の使用が多くなっている。
⑤ 商用文において「ありがとう」が独立した定型表現で使用されるようになったのは昭和初期頃からである。

4　ビジネス日本語教科書における感謝表現の扱い

　第三部は第一部の日中感謝表現の実態調査に基づいて、中国の高等教育機関におけるビジネス日本語教材(商務日語教材)の現状を紹介し、現行の「国家級規劃教材」9種、計15冊における感謝表現の扱いについて分析することによって、感謝表現の扱いの改善点について提言した。「商務日語教材」において感謝表現を扱う箇所は、ビジネスマナーに関する解説と練習問題に多く見られ、「感謝」を課題として取上げ、感謝のストラテジーの全体的な構造を提示する教科書が少ない。また、感謝の「謝罪型表

現」、文書・メールでの日頃の恩恵に対する感謝の挨拶「お世話になります」、仕事の終了、退席などの時の「お疲れ様です」、下位者に対する「ご苦労様」などの定型表現についての解説が欠けている。

　改善点についての提言としては、①感謝表現の課題・ストラテジーとしての内容の統合、②感謝の使い分けに工夫する、③教師の指導力の向上、④補助教材の使用の4つの点を挙げた。

5　今後の課題

　本論は多様なビジネス言語資料から感謝表現の用例を集め、ビジネス場面における感謝表現の使用実態をある程度明らかにした。また、商用文というビジネス言語資料の新分野について研究を試み、そこに出現する感謝表現の史的変遷について考察を行った。しかし、実際のビジネス場面はより複雑であると考えられる。ビジネス文書・会話に限らず、ビジネスメールや実際の会話場面などさらに多くのビジネス言語資料を考察する必要があると考える。また、本論は理論研究の段階に留まるため、実際にどのように学習者に提示するかという課題がまだ残されている。今後の課題として、ビジネス日本語教科書における感謝表現の提示や解説を考案し、教室活動を通じて検証する必要があると考える。

　さらに、商用文に関する研究について、より多くの文例集を取上げ、用例を整理する必要がある。感謝表現だけではなく、ビジネス語彙・文法、ビジネス敬語の変遷などの視点からビジネス文書史の通時的研究を行いたいと考えている。

参考文献

相原陽三(1987)「文書の用字と用語」『漢字講座7 近世の漢字とことば』明治書院

赤堀由紀子（1995）「日本語母語話者の感謝表現―ストラテジーの種類とその使い分けを中心に―」『待兼山論叢』第29巻 大阪大学文学部

泉屋咲月(2016)「『源氏物語』における「ありがたし」」『立教大学日本文学』第115号 立教大学日本文学会

江川清(1989)「手紙の漢字」『漢字講座10 現代生活と漢字』明治書院

岡本真一郎（1991）「感謝表現の使い分けに関与する要因」『愛知学院大学人間文化研究所紀要』第6号 愛知学院大学

岡本真一郎（1992）「感謝表現の使い分けに関与する要因（2）「ありがとう」と「すみません」タイプはどのように使い分けられるか」『愛知学院大学文学部紀要』第22号 愛知学院大学

岡本真一郎(2000)「皮肉かお世辞か―誇張が認知に及ぼす役割―」『愛知学院大学文学部紀要』第30号 愛知学院大学

荻野千砂子(2004)「お礼のことば「ありがたい」について」『語文研究』第98号 九州大学国語国文学会

貝美代子(1988)「書簡文の漢字」『漢字講座8 近代日本語と漢字』明治書院

甲斐睦郎(1994)「企業小説にみる感謝表現」『日本語学』13-08 明治書院

柏本雄幸(1995)「千利休の書簡における謝意表現」『広島女学院大学国語国文学誌』第25号 広島女学院大学日本文学会

木村義之(2014)「明治・大正時代の配慮表現」『日本語の配慮表現の多様性』くろしお出版

熊取谷哲夫(1990)「日本語の「感謝」における表現交替現象とその社会言語的モデル」『表現研究』第52号 表現学会

熊取谷哲夫(1994)「発話行為としての感謝―適切性条件、表現ストラテジー、談話機能―」『日本語学』13-8 明治書院

胡小春・陈岩(2012)「商务日语教育的指导理论、教材编写方针及内容」『日语学习与研究』2012-1　对外经济贸易大学

小柳智一(2014)「奈良時代の配慮表現」『日本語の配慮表現の多様性』　くろしお出版

秦秀美(2002)「日・韓における感謝の言語表現ストラテジーの考察」『日本語教育』第114号　日本語教育学会

佐久間勝彦(1983)「感謝とお詫び」『講座日本語の表現3　話しことばの表現』　筑摩書房

周乗風(2016)「ビジネス文書における感謝表現の日中対照研究」『国学院大学日本語教育研究』第7号　国学院大学日本語教育学会

周乗風(2017)「企業ウェブサイトにおける感謝表現：銀行ホームページを中心に」『国学院大学日本語教育研究』第8号　国学院大学日本語教育学会

周乗風(2017)「ビジネス会話における感謝表現の対照研究：日中経済小説を中心に」『国学院大学大学院紀要．文学研究科』第49輯　国学院大学大学院

杉戸清樹(1994)「お礼に何を申しましょう？－お礼の言語行動についての定型表現―」『日本語学』13-8　明治書院

田島優(2004)「お礼表現史研究序説」『名古屋大学国語国文学』第94号　名古屋大学国語国文学会

田島優(2012)「漢語系感謝表現の源流」『日本文学ノート』第47号　宮城学院女子大学日本文学会

田島優(2014)「感謝の挨拶表現」『柳田方言学の現代的意義―あいさつ表現と方言形成論―』　ひつじ書房

田島優(2016)「困惑(自己)から同情・配慮(他者)へ―感謝表現の発想法の変化―」『近代語研究』第19集　武蔵野書院

田島優(2018)「人情本を利用した挨拶表現研究(序説)」『近代語研究』第20集　武蔵野書院

谷口龍子(2010)「詫びおよび感謝表現の選択・談話構造との関わり―日本語と中国語のヴォイスに注目して―」『東京外国語大学論集』第80号　東京外国語大学

坪井美樹(1997)「形容詞の音便形」『文芸言語研究　言語篇』第32号　筑波大学

中道真木男・土井真美（1994)「日本語教育における感謝の扱い」『日本語学』13-8　明治書院

中村聡美 (1998)「平安から近世にかけての感謝表現について―カタジケナイとアリガタイを中心に―」『学苑』第 701 号　昭和女子大学

西尾純二 (2014)「現代語の感謝・謝罪に見られる配慮表現」『日本語の配慮表現の多様性』くろしお出版

野村雅昭 (1988)「漢字の造語力」『漢字講座 1 漢字とは』明治書院

福田嘉一郎 (2014)「室町・江戸時代の感謝・謝罪に見られる配慮表現」『日本語の配慮表現の多様性』くろしお出版

藤原浩史 (1994)「平安和文の感謝表現」『日本語学』13-08　明治書院

飛田良文 (1988)「近代日本語と漢字」『漢字講座 8 近代日本語と漢字』明治書院

彭飛 (2005)『日本語の「配慮表現」に関する研究―中国語との比較研究における諸問題―』和泉書院

卜庆立 (2014)「论商务日语教材的建设」『吉林教育学院学报』2014-8　吉林省教育学院

松嶋緑 (2003)「中国のビジネス日本語教材における待遇表現の扱われ方―教科書の分類と教科書中の「待遇表現」の扱われ方―」『別科日本語教育』第 5 号　大東文化大学別科日本語研修課程

茗荷円 (2006)「近代の女性書簡文の結語―大正期を中心に―」『表現研究』第 84 号　表現学会

茗荷円 (2009)「昭和前期の女性書簡文の結語と文体」『聖心女子大学大学院論集』31-02　聖心女子大学

茗荷円 (2017)『近代日本女性書簡文の表現史研究』おうふう

村山昌俊 (2003)『明治時代語論考』おうふう

諸星美智直 (2011)「ビジネス文書におけるポライトネス・ストラテジーについて」『国学院大学日本語教育研究』第 2 号　国学院大学日本語教育研究会

諸星美智直 (2012)「日本語ビジネス文書学の構想―研究分野と研究法―」『国語研究』第 75 号　国学院大学国語研究会

諸星美智直 (2012)「ビジネス文書における「あしからず」の機能―ビジネス文書文例集を資料として―」『国学院大学日本語教育研究』第 3 号　国学院大学国語研究会

諸星美智直 (2013)「ビジネス日本語教材としての経済小説」『国学院大学日本語教育研究』第 4 号　国学院大学国語研究会

諸星美智直 (2014)「ビジネス文書における副詞「あらかじめ」の用法─企業ウェブサイトと内容証明郵便を中心に─」『国学院大学日本語教育研究』第 5 号　国学院大学国語研究会

諸星美智直 (2016)「近代ビジネス文書史における候文と口語文と」『国語研究』第 79 号　国学院大学国語研究会

諸星美智直 (2017)「消費者心理に対応したビジネス日本語表現のストラテジー」『国語研究』第 80 号　国学院大学国語研究会

矢田勉 (1999)「候文における倒置記法の簡略化とその原理」『白百合女子大学研究紀要』第 39 号　白百合女子大学

柳田国男 (1946)『毎日の言葉』　創元社

柳田征司 (1966)「大蔵流狂言に見える、お礼のことば『有難い』と『忝い』について」『国語学』第 67 集　国語学会　武蔵野書院

叶希 (2015)「ビジネス文書における条件表現」『国学院大学日本語教育研究』第 6 号　国学院大学日本語教育研究会

余耀 (2016)「中国の大学日本語専攻におけるカリキュラムの現状について─T 大学を事例に─」『国学院大学日本語教育研究』第 7 号　国学院大学日本語教育研究会

余耀 (2017)『中国の日系企業のニーズとビジネス日本語教育』　郵研社

李爱文 (2011)「中国商务日语教育的历史、现状及未来展望」『日语学习与研究』2011-4　対外経済貿易大学

李華勇 (2014)「日本語と中国語における「感謝の言語行動」の対照研究」大阪大学博士論文　http://ir.library.osakau.ac.jp/dspace/handle/11094/50573

辞書・コーパス類

『日本国語大辞典』　小学館　2003 年第 2 版

『太陽コーパス　雑誌『太陽』日本語データベース』　国立国語研究所編　博文館新社　2005 年

現代日本語書き言葉均衡コーパス　通常版　中納言 2.4　データバージョン 1.1　https://chunagon.ninjal.ac.jp/bccwj-nt/search　国立国語研究所

日本語歴史コーパス　中納言 2.4.2　データバージョン 2018.03　https://chunagon.ninjal.ac.jp/chj/search　国立国語研究所

資料
日本語ビジネス文書文例集
① 志田唯史 (2003) 『ビジネス文書基本文例 230』 オーエス出版
② 倉澤紀久子 (2006) 『「できる！」と言わせるビジネス文書』 小学館
③ 岡田哲・諸星美智直監修　横須賀てるひさ・藤井里美 (2008) 『そのまま使えるビジネス文書文例集＜ダウンロード特典付き＞』 かんき出版
④ 福島哲史 (2010) 『早引き！ビジネス文書の文例＋マナー事典』 成美堂出版
⑤ 日本語文書研究会 (2010) 『最新版　すぐに役立つ文書・書式大典』 法研
⑥ 日本語文書研究会 (2012) 『超早引き！ビジネス文書の書き方　文例 500』 主婦と生活社

中国語ビジネス文書文例集
① 張浩 (2004) 『新編商務信函写作模式』藍天出版社
② 暁佳 (2006) 『商務文書范本大全』　中国言实出版社
③ 尚国 (2010) 『私営公司最新最实用的 1000 例商務文書范本』中国商業出版社

銀行ホームページ
① みずほ銀行ホームページ
   http://www.mizuhobank.co.jp
② 二井住友銀行ホームページ
   http://www.smbc.co.jp
③ 三菱東京 UFJ 銀行ホームページ　（現　三菱 UFJ 銀行）
   http://www.bk.mufg.jp
④ 中国建設銀行ホームページ
   http://www.ccb.com
⑤ 中国銀行ホームページ
   http://www.boc.cn
⑥ 中国工商銀行ホームページ
   http://www.icbe.com.cn
⑦ 中国農業銀行ホームページ
   http://www.abchina.com

日本語経済小説

① 池井戸潤 (2004)『オレたちバブル入行組』文藝春秋 (文春文庫 文庫版 (2007) による)
② 池井戸潤 (2008)『オレたち花のバブル組』文藝春秋 (文春文庫 文庫版 (2010) による)
③ 池井戸潤 (2012)『ロスジェネの逆襲』ダイヤモンド社 (文春文庫 文庫版 (2015) による)
④ 池井戸潤 (2014)『銀翼のイカロス』ダイヤモンド社

中国語経済小説

① 付遥 (2006)『输赢』北京大学出版社 (中信出版集団 (2016) 再版による)
② 付遥 (2012)『输赢 2 江湖』中国商业出版社 (中信出版集団 (2016) 再版による)
③ 许韬 (2008)『対决』长江文艺出版社 (北京时代华文书局 (2016) 再版による)
④ 许韬 (2016)『対决 2』北京时代华文书局

近現代商用文例集

① 中川静 (明治 40)『現代商業文指鍼』博文館
② 服部嘉香 (大正 3)『最新商用文精義』同文館
③ 千早正寛 (大正 4)『活きて働く商業書簡文』佐藤出版部
④ 丹野吉五郎 (大正 6)『模範商用書簡文：講話文範』誠堂
⑤ 浦添為宗 (大正 11)『口語体商用文』実業之日本社
⑥ 服部嘉香 (大正 15)『新時代の商業文範』早稲田大学出版部
⑦ 青崎速 (昭和 11)『すぐ役に立つ商業新書簡文』日本図書出版社
⑧ 服部嘉香 (昭和 29)『商業作文の知識 現代経済知識全集 (49)』中央経済社
⑨ 福井長三郎 (昭和 30)『新版商業文』千倉書房
⑩ 新倉孝志 (昭和 43)『すぐ書ける模範商業文 500 選』有紀書房
⑪ 現代文研究会 (昭和 53)『現代商業文の書き方』土屋書店
⑫ ビジネス研究会編 (昭和 61)『すぐに役立つ商業文作成の手引』棋苑図書

中国の商務日語教材

① 羅萃萃・阿部誠編著(2007) 『新編商務日語総合教程』 東南大学出版社 (2012年新版による)
② 江新興・李愛文主編(2006) 『商務基礎日語』1-3冊 中国商務出版社 第1、2冊・2006年、第3冊・2008年出版
③ 皮細庚主編(2007) 『商務日語会話』 中国商務出版社
④ 劉金華主編(2007) 『外貿函電日語』 北京語言大学出版社 2007年出版
⑤ 吉岡正毅・高見澤孟他主編(2008) 『標準商務基礎日語』1-4冊 外語教学与研究出版社 第1冊・2008年、第2冊・2009年、第3冊・2010年、第4冊2011年出版
⑥ 高見澤孟・陳岩主編(2009) 『標準商務日語会話』1-2冊 外語教学与研究出版社 第1冊・2009年、第2冊・2010年出版。
⑦ 李愛文著(2006) 『商務日語談判』 中国商務出版社
⑧ 張新華主編(2009) 『国際商務日語函電』 中国商務出版社
⑨ 刁鵬鵬編著(2007) 『新版商務談判日語』 大連理工大学出版社 (2015年第3版による)

謝　辞

　本書は、國學院大學博士論文出版助成金の交付を受けたものです。
　この博士論文を作成するにあたり、終始ご指導ご鞭撻を賜りました國學院大學・諸星美智直教授には衷心より感謝の意を表します。
　博士課程在学中、諸星先生は、指導教授として本論文の方向性や研究方法に対して様々な助言を賜り、本論文の細部にわたり多忙の中ご指導ご添削を賜りました。そして、諸星先生の個人蔵書から、長時間、多くの研究資料を拝借させていただきました。先生のご支援がなければ博士論文をまとめることが出来ませんでした。心よりお礼申上げます。
　また、授業・学会発表の場において、多くの先生方や先輩方からご指導ご意見をいただきました。深く感謝申し上げます。
　最後に、これまで筆者の留学生活を支えてくれた両親と妻に深く感謝します。

<著者紹介>

周　乗風（しゅう　じょうふう）

　1989年（平成元年）、中国湖南省株洲市生まれ。2016年（平成28年）國學院大學大学院文学研究科高度国語・日本語教育コース修士課程修了。2019年(平成31年）國學院大學大学院文学研究科高度国語・日本語教育コース博士課程修了。博士号（文学）。現在、長沙学院（中国湖南省長沙市）日本語専任教師。

　学術論文や研究発表に、「ビジネス文書における感謝表現の日中対照研究」(『国学院大学日本語教育研究』第7号）、「ビジネス会話における感謝表現の対照研究―日中経済小説を中心に―」(『国学院大学大学院紀要―文学研究科―』第49輯）、「企業ウェブサイトにおける感謝表現―銀行ホームページを中心に―」（『国学院大学日本語教育研究』第8号）、「近現代商用文における漢語の感謝表現について」（『国学院大学日本語教育研究』第9号）、「現代日本語の複合接続助詞の考察―「たびに」「ごとに」「につけ」について―」（BALI-ICJLE 2016 日本語教育国際研究大会）等。

ビジネス日本語における感謝表現
にほんご　　　　　　　かんしゃひょうげん

2019年10月31日　初版発行

著　者　周　乗風　Ⓒ SHUU jouhu
発行者　登坂　和雄
発行所　株式会社　郵研社
　　　　〒106-0041　東京都港区麻布台 3-4-11
　　　　電話 (03) 3584-0878　FAX (03) 3584-0797
　　　　ホームページ http://www.yukensha.co.jp
印　刷　モリモト印刷株式会社

ISBN978-4-907126-28-5　C3037　　　　　　　字数 184,800
2019 Printed in Japan
乱丁・落丁本はお取り替えいたします。